哈佛教子枕邊書

HARVARD
BOOK
PARENTING

全世界父母必備的教子指南
——美國教育家 威廉·貝內特

斯托夫人 等◆著
亞北 藍黛◆譯

目錄

開篇

早期教育的偉大成果

從三個哈佛大學生說起　10
一個鄉村牧師的信念　13
早期教育的受益者們　16
天賦的遞減法則　20

第1篇

卡爾·威特的潛能教育

老威特的神奇之書　24
是誰帶來了健康的孩子　28
最高明的教育　30
語言是早期教育的一塊基石　32

喚起孩子的興趣 36
帶孩子去旅遊 42
不要亂給孩子買玩具 44
吃東西會傷害智力 47
孩子的時間 50
兒子永遠是個普通人 52
關注孩子的心靈 55
不要傷害孩子的判斷力 58
點燃孩子的良善之心 62
驕傲的孩子是可憐蟲 65
讓孩子身心健康 71
轟動法國的事件 73
年僅九歲的大學生 76
十六歲的博士 83

第2篇 塞德爾茲的自由教育

俗物是怎樣變成的 88
母親手中的吉他 92

第3篇

從輕鬆有趣之中學習知識 95
天才是從遊戲中產生的 98
知識是人類最美好的東西 101
天才源於後天的培養 104
紀律會扼殺孩子的天才 107
優異的品質是怎樣形成的 111
後悔的人是俗物 114
培養孩子的探索精神 117
用信心去消滅恐懼 120
不要把孩子變成懦夫 123
幫助孩子走出失意的陰影 126
向快樂的蝴蝶學習 129

斯托夫人的自然教育

一個讓母親驕傲的女兒 134
從五官開始 136
用老卡爾的方式 141
斯托夫人的遊戲訓練 145

斯托夫人的音樂訓練 149
斯托夫人的拼音訓練 151
大自然是最好的老師 154
每天給孩子講一個故事 159
怎樣教孩子學外語 161
數學中的興趣 163
給孩子一個想像的世界 166
孩子要認識的品德 170
幫助孩子訂一個品行表 177

第4篇 蒙特梭利的感官教育

蒙特梭利的一生 186
舉世聞名的兒童之家 190
孩子教育的黃金時段 193
樂於工作的孩子們 195
編製兒童喜歡的教具 198
從印度狼孩看成長環境 203
準備一個良好的環境 206

讓人驚訝的感官訓練 209
用動作造就和諧的個性 213
請幫助我，讓我自己做 217
了不起的求知欲 219
對孩子不能用獎勵和懲罰 221
紀律不能透過命令獲得 223
充滿敬意地看著孩子成長 226

第5篇 鈴木鎮一的音樂教育

指揮大師的眼界 230
音樂打開了一扇憧憬的大門 232
小提琴教育法轟動美國 236
盲孩子也能拉小提琴 240
培養出孩子非凡的才能 243
讓才能變得格外出色 245
溫暖的家庭是最佳的環境 247
豐田耕兒的音樂之路 249
音樂拯救了一位少女 254

開發孩子潛能的秘密 258
讓孩子接受最高文化的薰陶 260
從黃鶯到狼孩 262
讓孩子心情舒暢的辦法 265
逐步培養孩子的信心 267
孩子們抵觸緊張的氣氛 270
在遊戲的歡樂中 272
孩子喜歡重覆做事 276
指責會讓孩子恐懼 278
每個人都是有缺點的動物 281
坐在桌子邊與孩子娛樂 283
不要因無能而絕望 285

早期教育的

偉大成果

開篇

HARVARD BOOK PARENTING

從三個哈佛大學生說起

一九一四年，美國一個年僅十五歲的少年從哈佛大學畢業了。他的名字叫威廉・詹姆士・塞德爾茲，是著名心理學家鮑里斯・塞德爾茲的兒子。

威廉・詹姆士・塞德爾茲的學歷非常奇特：他不到兩歲就開始接受教育，三歲時已經能用母語流利地讀寫了。他五歲時看到家裡的骨骼標本，又對人體產生了興趣，從而開始學習生理學，不久竟然達到了執業醫師水準。他六歲那年春天，和別的孩子一樣開始上小學。入學那天上午，他被編在一年級，可是到了中午，他母親去學校接他時，他已經是三年級的學生了。

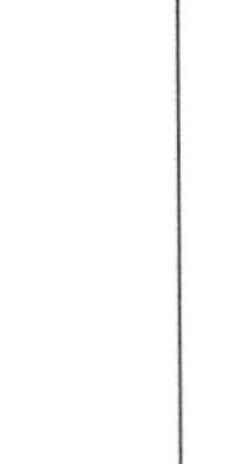

就在這一年，他學完了小學的全部課程。第二年，七歲的他打算上中學，因爲年齡不夠，學校不收，他只好在家自學，主要是學高等數學，語言學他早就學過了。

一年以後，他滿了八歲，終於被中學錄取。他的各科成績都很優秀，數學更是出類拔萃，所以沒多久，學校就同意他不再上數學課，並讓他協助老師批改其他同學的數學作業。不僅如此，他還在中學期間編寫了天文學、英語語法和拉丁語語法的教科書。不久，由於中學課程已無須再學，他就退學了。

這位小神童很快就出了名，很多人特地從各地趕來考他，結果他的表現比傳說中的更令人驚訝。比如，麻省理工學院的一位教授，用自己在德國讀博士時感到頭疼的難題來考他，沒想到他很快答了出來。這一年，他才九歲。

在隨後的兩年裡，他還是在家自學。十一歲時，他考進了哈佛大學。入學後不久，他就能講解四維空間這樣的數學難題了，這使教授們大為驚訝。他父親塞德爾茲博士曾在《天才與俗物》一書中，寫到他十二歲時的情況：

他今年才十二歲，卻擅長連不少學者都感到頭痛的高等數學和天文學，還能用希臘語背誦《伊里亞德》和《奧德賽》等名著。他精通古希臘文，在讀埃斯庫羅斯、索福克勒斯、歐里庇得斯、阿里斯托芬等人的作品時，就像其他孩子讀《魯賓遜漂流記》那樣輕鬆自如。他還精通比較語言學和神學，同時還熟讀了邏輯學、古代史、美國史等書籍，並熟悉美國的政治和憲法。

一九一四年，塞德爾茲以優異的成績從哈佛大學畢業了，隨即在該校研究所攻讀博士學位。這一年，哈佛大學還出了兩個像塞德爾茲那樣的小畢業生。一個叫阿道夫·伯利，是塔夫托大學神學教授伯利博士的兒子。他是十三歲半進入哈佛大學的，比塞德爾茲稍晚一點，但他只用了三年時間就讀完了四年的課程，畢業後在該校學習法學。

另一個叫諾伯特．威納，是哈佛大學斯拉夫語教授威納博士的兒子。他上大學比塞德爾茲還早，十歲就考入了塔夫托大學，十四歲大學畢業，隨後考入哈佛大學研究所。同樣在一九一四年，年僅十八歲的威納就順利地獲得了哲學博士學位。

看了上述幾個事例，大家也許會想，這就是人們說的神童，不過古話說，十歲是神童，十五是才子，過了二十就是凡人。這幾個風華正茂的年輕人，難道再過幾年都會成爲普通人？其實，這種想法是沒有根據的。他們過人的才能絕不是偶然產生的，而是得益於科學的早期教育。

有一個事實可以說明這一點，威納和伯利的兄弟姐妹都接受了同樣的教育，因而有著同樣的學歷。伯利的姐姐麗娜，十五歲就考入了拉德克利夫女子大學，一九一四年和伯利同期畢業。他的妹妹米勒姆和弟弟魯道夫，分別在十四歲和十五歲考入大學；威納的兩個妹妹，康斯坦斯和貝爾特，都在十四歲考入了拉德克利夫女子大學。

世界上不會有這麼碰巧的事，這些神童完全是早期教育的結果。

一個鄉村牧師的信念

像上一節所說的經過早期教育而特別聰穎的人，過去也有過。德國法學家卡爾．威特就是一個典型例子。他生於一八〇〇年，出生地是哈勒附近一個叫洛赫的村莊。他的父親也叫卡爾．威特，是村裡的牧師。

威特的父親雖然只是一位鄉村牧師，卻有著驚人的獨到見解，尤其是他的教育思想更是獨樹一幟。我們不知道他的教育思想是怎麼形成的，但他還沒有孩子的時候就有了一個信念——孩子必須從嬰兒時期開始教育。用他自己的話說，當嬰兒出現智力的曙光時，教育就應該開始了。如果能做到這一點，普通兒童可以變得才智過人。

後來，他有了一個孩子，但很快就夭折了。小威特是他第二個孩子。小威特在嬰兒時期顯得特別癡呆。殘酷現實一度使這個牧師非常傷心，他曾這樣說：「**我有什麼罪，上帝給了我這麼個傻孩子？**」鄰居們雖然嘴上勸他「想開點」，但心裡都認爲小威特的確是個傻子，事實上，他們在背後也是這麼說的。

但老威特並沒有絕望，他開始認眞地按自己的計劃對小威特進行教育。起初，連他的妻子也不贊成，她說：「你別白費勁了，這樣的孩子教也沒用，成不了材的。」

出人意料的是，正是這個傻孩子，不久就讓鄰居們驚訝不已。小威特八歲時就學會了德語、法語、義大利語、拉丁語、英語和希臘語六種語言，並擅長動物學、植物學、物理學和化學，數學尤其出色。他九歲那年，考入了萊比錫大學。一八一四年四月，還不到十四歲的他就發表了數學論文，並被授予哲學博士學位。時隔兩年，他剛滿十六歲，又被授予法學博士學位，並被柏林大學聘爲法學教授。

去柏林大學任教之前，他得到了普魯士國王的一筆獎金，於是去義大利留學。他住在佛羅倫斯的時候，無意間研究起但丁來，他很快就發現，但丁不僅在國外，甚至在他的祖國義大利，也受到很大誤解。他開始對但丁進行深入研究。一八二三年，二十三歲的威特發表了論文《對但丁的誤解》，指出了當時學者對於但丁的謬誤，爲研究但丁開闢了一條正確的道路。他的專業是法學，他在研究法學的同時繼續研究但丁，終於成爲這方面的權威。

一八二〇年，威特從義大利回國，從第二年起，在布賴斯芬大學任法學教授。一八三四年，他開始在哈勒大學講學，直到一八八三年與世長辭，享年八十三歲。

値得慶幸的是，威特的父親把對他在十四歲以前的教育情況寫成了一本書。書名叫《卡爾．威特的教育》。這本書問世距今已經一百年了，當時它沒有引起人們的重視，幾乎失傳了，保存到今天的極爲有限。哈佛大學圖書館有幸保存了一些，但這也是美國僅存的一些。

也許大家還記得，諾伯特．威納的父親是哈佛大學的教授，他就是讀了《卡爾．威特的教育》之後，對威納兄弟進行早期教育的。塞德爾茲的父親畢業於哈佛大學，也是讀了這本書之後對塞德爾茲進行教育的。我們不知道伯利的父親和哈佛大學有什麼關係，但是，從他寫的《家庭學校》和《家庭教育》兩本書中，可以清楚地看到，他也是讀了《卡爾．威特的教育》後對伯利兄妹進行教育的。

威納、塞德爾茲和伯利等人都受過威特式的教育，也同樣少年有成。

早期教育的受益者們

概括地說，一百多年前的威特和今天的塞德爾茲、伯利、威納等人所受的教育，就是早期教育。用老威特的話來說，就是在兒童智力的曙光剛出現時就開始的教育。塞德爾茲博士、伯利博士和老威特一樣，都相信早期教育能造就天才，這種思想是有充分依據的。

翻開古希臘歷史，雅典的天才層出不窮。然而，雅典的人口卻少得可憐，即便在全盛時期，也才五十萬人左右，而且其中五分之四是奴隸。西元前四九〇年，波斯國王大流士派出十二萬人、百艘戰船的大軍要踏平雅典，而雅典派出的軍隊只有一萬人。我們都知道，馬拉松戰役是歷史上有名的大戰役，但據說雅典軍隊在這次戰役中，只有一百九十二人陣亡。像雅典這樣的小城，竟出現了那麼多的天才，這是爲什麼呢？人種改良論的鼻祖高爾頓認爲，那是因爲希臘人是優秀人種。也許這的確是原因之一，但最主要的原因還是他們受過早期教育。古希臘有對兒童進行早期教育的傳

統。同樣，如果對現代兒童進行早期教育，也可以造就很多傑出人物。

我想大家都熟悉威廉·湯姆森這個名字吧？毫無疑問，他是繼牛頓後的一位大物理學家。

他的成就也和早期教育有關。他父親是一位愛爾蘭農民的兒子，家裡的生活非常貧困。他小時候利用餘暇專心自學，後來又懇求父母同意，上了鄰村的小學。在學校裡，他的數學成績特別出色。他打算畢業以後無論如何要上大學，繼續探索數學的奧秘。

他二十四歲那年，也就是一八一〇年，考進了格拉斯哥大學。由於家庭貧困，他不得不半工半讀。

一八一四年，他終於從格拉斯哥大學畢業了，這一年他二十八歲。

他畢業後，被貝爾法斯特的一所專科學校聘爲數學教授。在那裡，他和大學時代的女友結了婚，並生了四個孩子。前面兩個是女孩，後兩個是男孩——一個生於一八二二年，叫詹姆士；另一個生於一八二四年，也就是威廉。

有了孩子後，他對自己的前半生作了一番總結，決定盡早教育自己的孩子。我不知道他是否讀過老威特的那本書，但他和老威特一樣，在孩子剛會說話時就開始教孩子讀寫。然後，他和妻子一起，教孩子數學、歷史、地理和生物學等。

俗話說，人越窮越忙。他也是如此。他除了教課，還要編寫數學教科書，忙得團團轉。他每天早晨四點鐘就起來準備課程、編書，白天抽出空來教育孩子。不幸的是，一八三〇年，在詹姆士八歲、威廉六歲時，他妻子去世了。這對他和孩子們的打擊很大。妻子死後，他並沒有垮掉，他獨自照料孩子們，並加強了對他們的教育。兩年後，也就是一八三二年，他被母校格拉斯哥大學聘為數學教授。他與學校交涉後，校方同意讓詹姆士和威廉旁聽他和另外幾位教授的課。當時，弟兄倆一個十歲，一個八歲，但他們的成績非常好，所以，兩年後，他們被學校批准為正式生。

進入大學後，他們始終是學校的優等生。成績排在前兩名的必定是他們。威廉的成績尤為出眾，對他來說，學校規定的課程並不需要花費多少精力。他十二歲時利用耶誕節假期，把《諸神對話錄》譯成了英文，並因此受到了學校的嘉獎。這兩兄弟後來的成就是廣為人知的：詹姆士成了工程學的權威，威廉則成了大物理學家威廉．湯姆森勛爵。

不妨再舉一個例子，在哲學、經濟學、倫理學、邏輯學等方面都有很高成就的約翰．斯圖亞特．穆勒，也是早期教育的受益者。他的父親叫詹姆斯．穆勒，是著名的學者，很早就開始對穆勒進行教育。穆勒三歲時開始學習希臘語，到了七歲，已經能輕鬆地閱讀希臘語書籍了。

他八歲開始學習拉丁語，十六歲就開始在報刊雜誌上發表論文。這一年他還創辦了功利主義學會，「功利主義」一詞從此廣為傳播。他的功利主義學說在他十六歲時已經有了雛形。

大詩人歌德也受過早期教育。他八歲就能熟練地讀寫德語，二十二歲時寫出了《葛茲．馮．貝里欣根》這部傑作。二十三歲當財政大臣，二十四歲當首相的皮特，也受過早期教育。有意思的是，他所受的教育還包括訓練口才，他父親經常讓小皮特站在椅子上，當眾演講。聽眾都為這個小孩的雄辯感到驚訝。

他十四歲時還因寫了五幕悲劇而名噪一時。

十四歲考入牛津大學，並得到獎學金的韋斯特伯里，也受過早期教育。他後來成了著名的大法官和法學家。

以上這些例子可以說明，早期教育能夠造就天才這個觀點並非無稽之談。

天賦的遞減法則

那麼，早期教育爲什麼能夠造就天才呢？要闡明其中的原因，必須從兒童的潛能說起。什麼是潛能？比方說，有一棵橡樹，假如它能夠充分地生長，可以長到三十公尺高的話，那麼這棵橡樹就具有長到三十公尺高的潛能。同樣，一個孩子，假如他的天資能得到充分發揮，最終可以具有一百分的能力，那麼這一百分就是這個孩子的潛能。

然而，事情往往不按我們的理想發生。有可能長到三十公尺高的橡樹，實際上很少有長到三十公尺的，一般只能長到十二公尺至十五公尺。要是生長環境不理想，就只能長到六至九公尺。但如果肥料充足，再加上精心培育，就可以長到十八公尺至二十公尺，甚至是二十四公尺至二十六公尺。同樣，具有一百分潛能的兒童，如果放任不管，就只能成爲具有三十分能力的人。也就是說，他的潛能只發揮出了一小部分。但如果對他進行適當的教育，他的能力就可以達到六十分、七十分，甚至是八十分。教育的理想目標，就是要把兒童的潛能百分之百地發揮出來。

但是，兒童的潛能遵循著一種規律，那就是遞減規律。比方說吧，生下來具有一百分潛能的孩子，如果一出生就受到適當的教育，將來就可以具有一百分的能力；如果從五歲開始教育，即使是非常理想的教育，將來也只能具有八十分的能力；如果從十歲開始教育，就只能具有六十分的能力了。這就是說，教育得越晚，兒童與生俱來的潛能就發揮得越少。這就是兒童潛能遞減規律。

產生兒童能力遞減現象的原因是什麼呢？原來，動物的各種能力有著不同的發展期，而且各個發展期是基本不變的。當然，某一些能力的發展期可能很長，而另一些能力的發展期則很短。如果一切能力不在發展期內得到發展，就永遠不會再有發展。比如，小雞「追隨母雞的能力」的發展期是孵出後四天左右，如果不在這段時間內發展這種能力，牠就永遠不會具有這種能力了。所以，假如在小雞孵出後四天左右這段時間裡，把牠和母雞隔離開，牠將永遠不再追隨母雞。再比如說，雛雞「辨別母雞聲音的能力」的發展期是在孵出後八天左右，假如在這段時間裡不讓牠聽到母雞的叫聲，牠就會永遠喪失這種能力。小狗「把剩餘的食物埋起來的能力」的發展期也是固定的，如果讓小狗在發展期內待在不能埋藏食物的地方，這種能力就再也不會發展起來了。同樣，人類的能力也有固定的發展期。

曾經在一個夏天問過各種手工藝人，爲什麼在國民教育普及的今天，傑出的手工藝人反而少了。在一個漁村裡，一位老漁夫告訴我，如今沒有像過去那樣善於游泳、搖櫓、撒網的人了，因爲孩子們在十一、二歲期間都在上學校，而水上功夫必須從十歲左右練起。外語學習也是如此，如果不從十歲以前開始，就很難掌握地道的外國口音，腔調總會有點「怪」。不少專家認爲，鋼琴如果不從五歲開始練，小提琴如果不從三歲開始練，就不可能達到很高的境界。兒童的能力，如果不在發展期內進行培養，就會出現兒童潛能遞減的現象。這就是早期教育造就天才的根本原因。

也許很多人會認爲早期教育不利於兒童的健康。對早期教育的指責不僅現在有，事實上在很早以前就出現了。老威特受到過這種指責，湯姆森兄弟的父親受到過這種指責，穆勒的父親也受到過這種指責。但事實上，童年時代的威特是個非常活潑健康的孩子，湯姆森兄弟、歌德也是如此。穆勒的體質雖然比較弱，但卻沒有什麼病，而且，他的身體不好是否是早期教育造成的，還有待商榷。皮特的體質也不好，但他生下來就是如此，和早期教育無關。塞德爾茲博士、伯利博士和威納博士的孩子都是健康又活潑。而且，從他們的壽命來看，威特、威廉勛爵、歌德都活到了八十三歲，詹姆士活到了七十歲，韋斯特伯里勛爵是七十三歲，都稱得上是高壽之年。

HARVARD BOOK PARENTING

第一篇

卡爾・威特的

潛能教育

老威特的神奇之書

關於早期教育的傳奇故事，人們會在不同的地點，不同的時間，不同的書中提到老威特與小威特的名字，不知從什麼時候開始，卡爾．威特的名字成了早期教育的象徵。

翻開塵封的歷史，我們會發現，那些早期素質教育的先行者教育方法其實非常簡單，然而簡單之中卻充滿了智慧，這也許正是世界上無數渴望把孩子培養成材的父母們一看到卡爾．威特的書就如獲至寶的緣由。

《卡爾．威特的教育》寫於一八一八年，不過，這本書在當時並沒有引起人們足夠的重視，原因有兩個，一是寫得太冗長，全書長達一千多頁，其中大部分是論述文字，而且行文雜亂。二是書中所表達的思想與當時人們的觀念格格不入。老威特教育理論的核心是「**當孩子智力的光芒剛剛出現時，對他的教育就應該開始了**」。其實古希臘時期的雅典人有早期教育的傳統。可是不知什麼時候，這個好傳統卻從世界上消失了，取而代之的是兒童教育必須從七、八歲開始的信條。這種信條被沿用至今，在一百多年前更是爲人們所深信不疑。今天仍然有許多人相信早期教育有損兒童健康。老威特的教育之道，就被視爲荒唐。老威特針對人們的這種認識，在書中寫道：

人們否認我的教育方式，認爲我兒子的才能是天生的。如果上帝眞賜給我一個天才兒子，這是上帝對我的厚愛，再沒有比這更令我幸福的了。但是，事實並非如此。

很多人都不相信我的話，連我的很多親友也不相信。只有一個人相信我，他就是已故的格拉彼茨牧師。格拉彼茨自幼與我交好，是最了解我的人。他曾經對我說：「你說的對，威特的非凡才能確實不是天生的。他之所以能成爲一個天才，完全是你教育的結果。只要眞正了解了你的教育方法，人們就不會對天才感到驚奇了。我相信威特今後一定會引起更大的轟動。我明白你的教育方法，你的方法一定會獲得更大的成功。」另外，下述事實也可以證實我的說法。

在威特生下來之前，瑪得布魯特市的幾個青年教育家和住在城市周圍的幾個青年牧師，共同組織了一個探討教育問題的學會。由於格拉彼茨牧師是這個學會的會員，經他的介紹我也成了其中的一員。

有人曾經在會上提出這樣一種觀點：對孩子來說，最重要的是天賦而不是後天教育。教育家無論怎樣努力，作用也是有限的。

我因爲很早就持截然相反的看法，就反駁說：「您說的不對，對孩子來說最重要的是教育而不是天賦。孩子成爲天才還是庸才，不是取決於天賦的多少，而是取決於從出生到五、六歲這段時間的教育。當然，孩子的天賦存在著差異，但這差異是有限的。所以，不用說生下來就具備很高天賦的孩子，就是那些天賦一般的孩子，只要給予合理的教育，也都能成爲優秀的人。愛爾維修說過，即使是普通孩子，只要教育得法，也會成爲傑出人物。我堅信這一觀點。」

我話音剛落，就成了眾矢之的，他們一起和我辯駁。於是我說：「你們十四個人對我一個，我沒法和你們辯論，所以我與其和你們辯論，不如拿出證據來給你們看看。只要上帝賜給我一個孩子，只要他不是傻子，那我就一定要把他培養成傑出人物。這也是我長期以來的決心。」

他們都回答說：「好的，我們等著你用事實說話。」

散會後，希拉得牧師邀請我到他家談一談，我就和格拉彼茨牧師一起去了，並繼續討論會上的問題。但還是毫無結果，我只是不斷地重覆著聚會時說過的話。這時，在會上一直沉默不語的格拉彼茨牧師突然明確地支持我了，他說：「我相信，威特先生一定會獲得成功的。」但希拉得牧師斷言，絕不可能。

後來，我兒子威特出世了。格拉彼茨牧師立刻把這個消息告訴了希拉得牧師，希拉得又把這個消息告訴了所有的會員。於是他們就都關注著我兒子的成長，那意思是：這回看你的了！

他們每次見到我和格拉彼茨牧師就問：「孩子怎麼樣，有希望嗎？」我和格拉彼茨牧師的回答總是：「是的」。但他們依然報以懷疑的眼光。

威特四歲時，我有了一個機會，讓希拉得牧師看看威特。「哎呀，真是個可愛的孩子！」他一下子就喜歡上我兒子了。這時，他已經看出我兒子是個普通的孩子。但後來，由於威特的學業進步很快，他也就漸漸相信了我的學說。

由於當時的人們根本不相信老威特的學說，這本教育奇書就被埋沒了。

是誰帶來了健康的孩子

老威特是一個非凡的學者，同時也是一個富有創見的人。雖然他只是一個鄉村牧師，卻胸懷大志，不顧別人的冷嘲熱諷，一心去實現自己的教育計劃。他並不是在象牙塔裡著書立說的大教育家，他像一位和藹的長者，一位多年不見的老朋友，向你娓娓道出培養下一代的一些心得。他在書中寫道：

我們有責任幫助自己的孩子克服各種障礙，使他們盡量具備優秀的品德和健康的體魄走向社會。爲了盡到這個責任，首先在生孩子之前，就要充分注意我們自己的精神和體質。衣、食、住、行都要簡樸，多喝清水，常到野外呼吸新鮮空氣，保持平和的心態，盡量避免情緒激動，讓自己的生活稱心如意。這樣，生下來的孩子就基本上具有健康的身心。

另外，男子在做父親之前，要充分鍛鍊好身體，盡量振作起精神，要選擇身體健康、頭腦靈活、內心純潔的女子做妻子。有的人由於家境不富，就認爲別的都在其

次，最重要的是要找一個有錢人家的姑娘；有的人想出人頭地，就認爲最好娶一個出身名門的姑娘；也有的人是因爲迷上了妻子的舞蹈才向她求婚的；還有的人是由於妻子長得好看才和她結婚的。其實，這些想法都是錯誤的。最重要的是要選擇一位健康、聰明、善良的女子做妻子。

當妻子懷孕後，就更應該過有規律的生活。不僅做妻子應該這樣做，夫妻雙方都應該遵循。

飲食要清淡，刺激性太強的食物要絕對避免。要多喝清水，經常到野外去運動，保持身體的清潔，認眞去做自己該做的事，和別人友善相處，信仰上帝，讓生活充滿歡笑、安定和滿足。

這就是老威特教育方法中的婚姻之道。今天我們爲了優生優育所倡導的理論，歸根結柢也還在這個範圍裡。也就是說，在一百多年前，老威特就提出了人種改良的理論。

最高明的教育

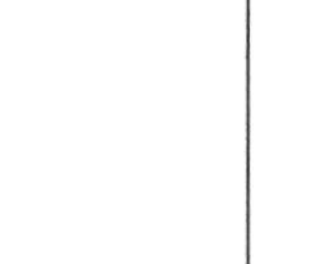

在老威特的所有學說中，流傳最久，最爲人所津津樂道的就是他的教育之道。他在書中寫道：

愛爾維修說過，即使是普通孩子，只要教育得法，也會成爲非常優秀的人。我在兒子出世之前就相信這一說法，並經常向別人宣傳。但我絕不是像愛爾維修那樣不承認孩子天賦有所不同的人。有人攻擊說我否認孩子們天賦的差異，這是對我的誣衊。

孩子們的天賦當然是各不相同的，有的孩子天資好一點兒，有的孩子差一點兒，這是誰也否認不了的事實。假設我們幸運地生下了一個天賦爲一百分的孩子，那麼天生癡呆兒的天賦大約只能在十分以下，而普通孩子的天賦大約在五十分左右。

在天賦不同的情況下，如果所有的孩子都受到同樣的教育，那麼他們的命運確實就取決於天賦的多少。可是當今的大多數孩子受到的是很不科學的教育，所以很多人的天賦連一半也沒有發揮出來。比如，天賦爲八十分的只發揮出四十分，天賦爲六十分的只發揮出三十分。那麼，如果能改良教育方法，實施可以發揮孩子八成天賦的有效教育，即使天賦只有五十分的普通孩子，也會優於天賦爲八十分的孩子。當然，如果對具備八十分天賦的孩子實行同樣的教育，那麼前者肯定追不上後者。但是，生下來就具備非凡天賦的孩子太少了。大多數孩子的天賦都在五十分左右。

再過一百年，我的學說很可能被人們拋棄。因爲到那時，對孩子的早期教育可能已經很普及了，多數孩子都能受到理想的教育了。

縱觀歷史上的偉人和天才，他們大多有一些缺點。如果對他們的教育再高明一些，那麼他們就會更偉大、更健康、更善良、更傑出、更智慧、更正直、更博學、更謙虛、更堅強。總而言之，他們會成爲更加完美的偉人和天才。

如果對生下來就具備過人天賦的孩子進行高明的教育，那他未來的發展就是不可估量的。但是，天賦極高的孩子非常罕見。

語言是早期教育的一塊基石

要想盡早發揮孩子的潛能，就必須循序漸進，否則就達不到目的。那麼，應該怎樣做才能盡早發揮孩子的能力呢？首先從語言教育開始，這是早期教育最重要的部分。因爲語言是孩子接受知識的工具，沒有這個工具孩子就得不到任何知識。人類之所以能從動物界脫穎而出，就是因爲我們使用了其他動物所不具備的語言。基於這一事實，如果孩子不盡早掌握語言，也就不可能很好地發揮其潛能。所以，盡早讓孩子們掌握語言工具是父母的第一要務。

老威特認爲對孩子的教育開始得多麼早也不爲過。在威特剛學會辨別事物時，老威特就教他說話了。他在書中寫道：

比如，我們在兒子眼前伸出指頭，兒子看到後就去抓它。剛開始由於看不準，所以總是抓不到。當他終於捉到了時，就顯得特別高興，把手指放到嘴裡吮吸起來。這時我就用溫和而清晰的語調反覆發出「手指、手指」的聲音。

就這樣，在威特剛剛有了辨別能力時，他的父母就拿各種東西給他看，同時用溫和而清晰的語調重覆東西的名稱。沒多久，威特就能清楚說出這些東西名稱來了。

小威特稍大一點後，老威特和妻子就抱著他念餐桌上的食具和食物的名稱，還有身體的各個部位，衣服的各個部分，屋裡的各種物品，院子裡的草木及所有能引起威特注意的東西的名稱，同時還教他動詞和形容詞，使他的詞彙逐漸豐富起來。

這樣的訓練需要反覆進行，只要你一有空閒，或者孩子有興趣玩的時候，就要盡可能地重覆前面所學的東西，直到他能跟著你毫不費力地說出來爲止。

教孩子說話，確實不是一件容易的事。如果不下點功夫就收不到理想的效果。但是老威特卻做得非常出色。我們學習外語，就必須要多記單詞。但是想要多記，卻往往勞而無功，很快就忘掉了。有一個時期，我把維布斯特的袖珍小辭典揣在懷裡從頭往下背，但總是隨記隨忘，並沒有多大收穫。要想多記單詞，還是應該多讀有趣的書，在輕鬆的閱讀中去記住書上的單詞。同樣的道理，爲了豐富孩子的詞彙，一味採取塡鴨式的硬塞，非但達不到目的，反而適得其反。

老威特在這方面做得很好。他通過與威特談論飯桌上的器具、室內的擺設、院子裡的花鳥魚蟲等，巧妙地使他掌握新單詞的發音和詞義。當然，剛開始說的都是非常簡單的話，但是只要堅持每天訓練，持之以恆就會收到非常的效果。

當威特稍微能聽懂大人說話時，他的父母就天天給他講故事。對於幼兒，沒有比故事更爲重要的了。因爲孩子對這個世界一無所知，所以應該盡早讓他了解這個世界，越早越好。

爲了讓孩子了解世界，最好的途徑當然就是講故事了。講故事不僅能擴展兒童的知識面，同時也豐富了他的詞彙。老威特不僅讓威特聽故事，而且還要他自己講。只有這樣，才能完全達到講故事的目的。

經過這樣的教育，據說威特五、六歲時就毫不費力地記住了三萬多個單詞，這的確是個驚人的數字。日本的中學生學了五年英語，最優秀的學生也不過只記住了五千個單詞，普通學生是在三千個左右。可見，早期教育的成效有多麼大。

老威特的語言教育法，有一點值得我們注意，那就是他從不教孩子說半截話、方言和土話。

他認爲教孩子「手手」「果果」那一類的話毫無意義。孩子到了兩歲左右，如果父母能緩慢而清晰地向孩子說某個詞，一般來說，孩子都可以學會正確的發音。當然，像「手手」「果果」這樣的詞發音容易些。但是本來一教就可以學會的東西，卻故意不教，豈不是很愚蠢的嗎？

因此，老威特從來不教不標準的話。他清晰地把每一個音發給兒子聽，耐心地教他標準德語。

如果兒子發音準確，老威特就摸著他的頭表揚說：「很好，說的對。」當威特發音不標準時，老威特就對妻子說：「你瞧，你兒子不會說了……」於是妻子就回答說：「**不會吧，我兒子連那樣的話都不會說嗎？**」這樣一來，小威特就被激起了拼命學習的勁頭。結果，他還在父母懷裡的時候就口齒清晰，在很小的時候就能說一口標準的德語了。

老威特不讓他停留在孩子式的表達方式上，而是教他逐步了解和使用複雜的詞語，並且力求準確生動，絕不使用曖昧的詞語。他的信條是，要想有清醒的頭腦，就必須掌握清楚明瞭的詞彙。他認爲要做到這一點，自己和妻子應該以身作則，力求發音標準，用詞規範。因爲他覺得讓威特學會方言是浪費時間。他只允許威特記標準的德語。因爲只要記住標準讀法，就可以讓他毫不費力氣地讀懂書上寫的東西。

老威特的做法應該引起許多年輕父母的深思，由於忙於工作，很多父母只好把孩子交給保姆和長輩來看管，孩子整天生活在方言和土話中，學到的是一些殘缺不全的隻字片語，從早期教育的角度來看，這樣的孩子一開始就失敗了。

喚起孩子的興趣

卡爾．威特有一個教育原則，就是「教育不能強迫」。不管教什麼，他總是先努力喚起孩子的興趣，只有在孩子表現出強烈的興趣時，他才開始教。教讀書也是如此。他先給小威特買童書和畫冊，繪聲繪色地講給他聽，並且說：「如果你認識了這些字，你就能明白這些故事了。」他用這種方式來激發威特的好奇心，或者乾脆不講給他聽，只告訴他：「這個畫冊上的故事非常有趣，可是爸爸沒時間講給你聽。」這樣一來，威特就有了一定要識字的想法。這時，老威特就不失時機地教他識字。

卡爾．威特教識字的方法和現在學校的方法不一樣。他先買十公分見方的德語印刷體鉛字字母、羅馬字母和阿拉伯數字各十套。然後把這些字貼在十公分見方的小板上，以做遊戲的方式教。他也是先從母音教起，接著以「拼字母遊戲」的形式在玩耍中教威特把字母組合起來。在一百多年前，他就實踐了今天的蒙特梭利女士所推行的教法。這種方法在當時是最有創意的，這反映了卡爾．威特在教育孩子時的良苦用心。

西方字母只有二十六個，加上德語的發音並不像英語那樣複雜，所以威特很快就學會了讀——他在沒有學習所謂「讀法」的情況下就掌握了讀。學會讀之後，威特就掌握了更多的詞彙。由於他學的是標準德語，所以很快就能讀書了。

我認爲這一點對年輕的父母很有參考價值，孩子在學校裡成績不好的一個主要原因，就是語言上有障礙。

西方語言，無論是德語、英語、義大利語還是法語，都多少有些相似。所以威特能用德語自由閱讀後，又立即開始學法語。當時他才六歲，只花了一年的時間，就可自由閱讀各種法文書籍了。之所以學得這樣快，是因爲他有非常豐富的德語知識。

按照慣例，孩子學習外語一般都先從拉丁語學起。但老威特認爲從與德語最相近的法語開始學起更合理，因而他教給威特的第一門外語就是法語。對西方孩子來說，學習拉丁語也是相當難的，是所謂「令人頭痛的語言」。因此，老威特在教威特拉丁語之前做了相當的準備，他在教拉丁語之前，先把維吉爾的《艾麗庫斯》中的故事情節、深刻的思想、漂亮的語言都講給威特聽，以喚起他的興趣。他還告訴威特，要想成爲一個優秀的學者，就一定要學好拉丁語。

小威特七歲時，老威特經常帶他去參加萊比錫音樂會。有一次中場休息時，威特看著印有歌詞的小冊子問父親：「爸爸，這不是法語也不是義大利語，這是拉丁語」。老威特說：「不錯，你想想看，它是什麼意思。」於是威特從法語和義大利語進行類推，基本上明白了大意。他說：「爸爸，既然拉丁語這麼容易，我為什麼不早點學呢？」這時，老威特覺得條件已經成熟，才開始教他拉丁語，結果威特只用了九個月就學會了。

接下來威特開始學英語，學完英語又學希臘語，英語用了三個月，希臘語用了六個月。威特八歲時，已經可以閱讀荷馬、維吉爾、西塞羅、奧西安、費奈隆、弗羅里安、梅塔斯塔西、席勒等德國、法國、義大利、希臘、羅馬等各國文學家的著作了。

所以只要能盡早開始適當的教育，不使孩子的潛能衰減，即使是普通孩子也完全可以具備這種才能。但是現在有很多父母在孩子們應該受教育的時候不去教育他們，致使他們的潛能日漸衰減；卻又經常埋怨自己的孩子成績不好。如果父母們眞愛自己的孩子，那就應該把心思花在了解孩子的心理和對孩子的教育上。

現在，我要提醒讀者，卡爾·威特在教授外語方面值得我們注意的幾個問題。

一、他認為學習外語與其背不如練。他並沒有系統地教語法，他認爲即使教孩子語法，孩子也不會理解。我完全同意這一觀點。對大人來說，以語法爲基礎來學習外語是有效的，但是對孩子則必須採取老威特的「與其背不如練」的辦法。我們不妨想一想，所有的孩子，不正是用這種方法學會了本國語言嗎？

二、孩子們對故事是百聽不厭的。大人讀小說，讀過一遍就不想再看了，而孩子們卻樂意反覆地聽同一個故事。我們在教育孩子時，不能從大人的角度去揣摩孩子的心理。老威特抓住了這個秘訣，在教兒子外語時，讓他用各種語言去讀同一個故事。比如，在讀安徒生童話時，既讓他讀德語版，又讓他讀法語、義大利語、拉丁語和希臘語版。事實證明，這個方法非常有效。

有些讀者也許會問，要那麼小的孩子學那麼多的東西，他受得了嗎？很多人可能以為小威特的生活除了日夜苦讀，就沒有其他活動了，或者以為他除了學究式的知識和幾門外語，其他什麼都不懂。但事實並非如此，用他父親的話說，小威特坐在書桌前的時間比任何一個孩子都少。他有大量的時間來盡情地玩耍和運動，可以說，他是一個非常健康活潑的孩子。在學習方面，他除了學外語，還輕鬆地學習了植物學、動物學、物理學、化學、數學等。

能夠讓孩子輕鬆愉快地學到如此豐富的知識，老威特一定有他非常獨特的教育秘訣。這個秘訣就是，喚起孩子的興趣，讓他自己提出問題。威特三、四歲時，老威特每天都要帶他散步一、兩個小時，他們一邊交談一邊散步。摘下一朵路邊的野花，老威特就會給孩子解剖一下，告訴他這是什麼，那是什麼。或者捉個小蟲，順便給他說說有關昆蟲的知識。就這樣，一塊石頭、一草一木都是他的教育素材。

老威特絕不採取塡鴨式的教育方法，而總是先喚起威特的興趣，然後根據他的興趣不失時機地進行教育。同時也絕不對他進行系統教育，告訴他哪個問題屬於植物學範疇，哪個問題屬於動物學範疇等等。只是就散步中威特感興趣的東西，向他傳授相應的知識。

當孩子三、四歲時，總是好奇地向大人提出各種問題。我們大多是敷衍了事，很少耐心地說明和解釋。就這樣，當孩子的潛能幾乎枯竭之後，我們卻在孩子上學時大驚小怪地說：「爲什麼我的孩子成績這麼差呢？」老威特的做法恰恰相反。只要威特能提出問題，他總是給予鼓勵，並耐心地回答，絕不像我們那樣敷衍了事。

在教育上再沒有比教給孩子錯誤的東西更可惡的了。老威特的講解並不難懂，他是充分考慮了孩子現有的知識量才進行講解的。當孩子問到連自己也不懂的問題時，他就老老實實地回答說：「這個爸爸也不知道。」於是兩個人就一起翻閱資料，或者去圖書館尋找答案。用這種方式，他培養了威特追求眞理的精神，使孩子極力排斥不合理的和似是而非的知識。

爲了擴大威特的知識面，除了讓他學習動物學和植物學知識外，還教給他地理方面的知識。地理教育是這樣開始的：首先，他經常帶小威特到周圍村莊去散步，等到威特基本了解了鄰村的情況之後，就帶著他拿著紙和筆爬到自己村裡的一個高塔上，放眼四方，問他周圍的地名，不知道的地方就向他說明。並讓威特畫出周圍的略圖，然後兩個人再去散步，在略圖上添上道路、森林和河流等等。這樣，鄰村的地圖就畫出來了。老威特還會去書店買來這個地方的地圖，和他們自己畫的地圖進行比較並做修改。他用這種方式使孩子饒有興趣地學會了難以理解的地圖知識。這就是卡爾・威特教育法的獨到之處。

老威特也用同樣的方法。教威特物理學、化學和數學。天文學是請梅澤堡的一位貴族澤肯多夫教的。澤肯多夫是個知識淵博的學者。本來他和老威特並不熟，他只是威特出名後慕名前來看望的人們中的一個。他和威特接觸後，發現他的才能比人們傳說的還要高，於是就對他產生了強烈的興趣。他把威特帶到自己家裡，用自己的望遠鏡做教具，教他天文學知識。澤肯多夫除了有觀察天文的工具，還有許多物理學和化學方面的器具以及各種書籍。他很大方地讓威特使用他的書籍和器具。

小威特的努力得到了大多數人的承認，在普通人看來他就是一個小天才，這使小威特有了比普通孩子更多的學習機會，他可以在家門外的其他地方隨心所欲地學習各種知識，並能得到名師的指點。

帶孩子去旅遊

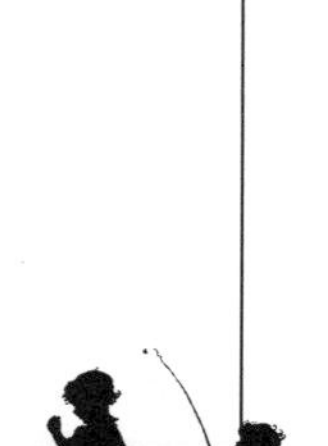

老威特認爲，與其對孩子進行塡鴨式的教育，不如開闊他們的視野。在那個時代，這種觀點是非常難能可貴的。他利用一切機會來豐富威特的見識。比如他們看到建築物，他就告訴威特那是什麼，它所坐落的地方叫什麼。看到古城堡之類的建築，就告訴他這個城堡過去的名字，給他講古城的歷史。威特兩歲以後，老威特不論走親訪友還是買東西、不論參加音樂會還是看戲，到哪兒都帶著他。另外，只要有時間，就帶他去參觀博物館、美術館、動物園、植物園、工廠、礦山、醫院和保育院等，以開闊他的視野，豐富他的見識。每次參觀回來，就讓他向母親詳細描述所見到的一切。因此，威特在參觀時總是用心觀察，認眞聽取父親或者導遊的講解。

威特到了三歲，老威特就領著他到各地遊覽。五歲時，幾乎遊遍了德國所有的大城市。他們在旅途中，既登山，也遊覽名勝；既尋找古蹟，也憑弔古戰場。回到旅館，老威特就讓兒子把所見所聞寫在信上，寄給母親和親友。

老威特爲了滿足威特的求知欲和培養他追求眞理的精神，從來都是不辭勞苦，也不吝惜金錢。

比如，他曾經不惜重金，請魔術師說出魔術的秘密。類似的事情非常多。由此可見，他對威特的教育是多麼地用心。當然，如果你很有錢，在培養孩子的時候就可以省不少心，但這絕不是培養孩子成材的前提條件，假如你沒有多餘的錢財，但只要你肯花心思，那麼，效果會遠勝於金錢的作用。

不要亂給孩子買玩具

老威特很少給兒子買玩具。他說：「玩具並不能讓孩子學到什麼知識。給孩子買一些玩具就不再過問是錯誤的。」事實上，由於威特很小就懂得讀書和觀察事物，根本用不著靠玩具來消磨時間。「玩物喪志」，是大人和孩子都存在的一個問題，光用玩具打發孩子，讓他自己玩而不去管他，很容易使孩子感到無聊。久而久之就會變得萎靡不振，對生活感到厭煩，以致毀壞玩具和哭鬧等等。老威特認爲，由此產生的破壞癖有時會影響孩子的一生。

他說：「孩子感到無聊時就會心情不好，於是就拿玩具或別的東西出氣，我想誰都清楚這會造成多麼可悲的後果。」

老威特在自己家的院子裡，爲兒子修了一個大遊戲場。裡面鋪著六十公分厚的砂子，周圍種著各種花草和樹木。由於砂子鋪得厚，即使下過雨也馬上就會變乾，坐在上面不會弄髒衣服。

小威特在這裡看看花捉捉蟲，養成了對大自然的濃厚興趣。老威特認爲，讓孩子熱愛大自然也是最重要的教育內容。

小威特有一套炊事玩具，由於他畢竟是個孩子，凡是大人要做的事，他也想做。尤其對廚房裡的活，總想插手。大多數人都覺得這很討厭，但是如果能正確引導，就能極大地豐富孩子的知識。老威特正是從這方面考慮，給兒子買了一套炊事玩具。

威特的母親和別人的母親不同，她總是一邊做飯，一邊耐心地解答威特提出的種種問題。並且還指點威特用炊事玩具學做各種菜。有時候由威特來主廚，媽媽當夥計。威特當了廚師後，做夥計的媽媽就得聽威特的吩咐。如果威特下的命令不合理，就會失去當廚師的資格而降爲夥計。這時，就由當上廚師的媽媽來下達各種命令。比如，做某個菜時，讓威特去菜園裡摘取某種材料等等。如果威特搞錯了材料，那麼就連夥計也當不成了，只好被解雇。

這種戲劇式的遊戲層出不窮，導演當然是媽媽。他們經常演出某個故事或者書本上的某個歷史事件中的情節。還有回到曾經遊覽過的地方，玩「旅行遊戲」等等。她通通過這些遊戲，教給了威特有關地理和歷史方面的正確知識。她說：「有時候我讓威特當媽媽，我當孩子。於是威特就向我下達各種命令，而我故意不好好做或者乾脆不做，要是威特沒有看出來，那他就失去了當媽媽的資格。不過，威特一般都能看出來，於是就一本正經地向我提意見。這時候我就說，請原諒，以後我一定注意。有時候我故意不認帳，這時威特就用我平時教訓他的話來教訓我。有時候，我讓威特當老師，我當學生。如果威特講得很成功而我故意說他講得不好，他發覺後就會批評我。這些遊戲對威特後來避免犯錯極為有益。」

威特的父親還爲兒子做了各種形狀的積木，他用這些積木蓋房子，或者搭建教堂、架橋、造城堡。由於建築遊戲需要認眞地動腦子，所以對孩子的發展非常有利。另外，他還做模仿人生各種活動的遊戲。當然，這是他很小的事了。在這個時期，老威特就像蒙特梭利女士所做的那樣，努力透過遊戲讓威特五官的功能得到發展。

孩子在做遊戲時應該讓他適當地動腦筋。這樣，孩子就不會因無聊而哭鬧。威特的父親說：「雖然兒子的玩具很少，但是不管多長的冬天，他也不感到無聊。就這麼一點玩具，他總是快樂地玩著。」

吃東西會傷害智力

發明家愛迪生說過：「美國人大多飲食過量。因此血液都跑到胃裡去了，頭腦則越來越不管用。」據他說，大多數美國人飯吃得太多，活卻幹得太少。胃過於疲勞大腦功能就會減弱，所以貪吃會使人變蠢。佛蘭克林在自傳裡說，他一輩子都很注意節食。不光他一個人，凡是喜歡用腦的人都很注意這一點。老威特在一百多年前，就把這種觀念用在孩子身上了。他認爲，如果讓孩子的大部分精力用於消化，那麼大腦就得不到很好的發展。所以他總是督促威特注意飲食，不吃得太飽，以免使胃的負擔過大。

很多孩子往往不知饑飽，時常因爲吃得過多而生病。可是，這個習慣並不是孩子的天性，而是由於父母的無知造成的。當然，兒童的成長很快，需要加強營養，不能以大人的標準來衡量他們。但是很多孩子因吃得過飽而使胃過於疲勞，導致大腦反應遲鈍卻是事實。

威特的父親很注意這一點，他嚴禁威特隨便吃點心和零食。給孩子加強營養是必要的，但應該進行合理安排，最好規定吃點心的時間，使之形成規律。

老威特常常對威特講健康的重要性，他說：「人吃得過飽腦子就會變笨，心情就會變壞，有時還會生病。生了病，不僅難受，而且也不能讀書和玩耍了。另外，你如果生了病，爸爸媽媽爲了照顧你，很多事都不能做了。你一個人生病，就會給很多人帶來麻煩。」此外，凡是朋友的孩子生了病，他都帶威特去看望。他在書中這樣寫道：「小孩生病，大多是由於飲食過量造成的，因此這種看望對兒子是一種很實際的教育。有一次我帶兒子出去散步，遇見一個朋友的兒子。『你家裡人都好嗎？』『謝謝，他們都好。』『可是，我聽說你弟弟病了。』『是的，您怎麼知道的呢？』『我知道，因爲剛過了耶誕節。』我並不是瞎猜。因爲我知道那孩子很貪吃，耶誕節過後肯定會生病的。果然不出所料，於是我就帶著威特前去探望。到他家一看，那孩子又是喊肚子痛，又是喊頭痛，不停地哭鬧。我問明了病因，正如我所說的那樣，是由於吃得太多。這在種場合，我和朋友談話時，總是注意使身邊的威特能了解事情的原因。」

老威特對兒子的飲食特別關注，從他很小的時候就非常注意他的飲食規律搭配，並不在「吃」的問題上放縱威特。他在書中寫道：「威特基本上沒有因爲吃得過多而損害健康。到朋友家裡作客，朋友總要拿出點心讓威特吃。但是不管多麼好吃的點心，威特是絕不吃的。朋友們說這不是孩子的本意，是我管教過嚴的結果。因爲他們是從自己和自己孩子的角度來看的，所以無法理解威特的自制能力。其實，只要從小就經常教育孩子們，他們做到這一點並不難。」

正如老威特所說，由於父母過於溺愛孩子，讓孩子無規律、無限制地吃東西，從而使孩子的胃腸功能紊亂，把大部分精力用在消化食物上，大腦得不到健康的發展。這樣，即便對孩子實施了早期教育也是白費工夫。

孩子的時間

如何分配孩子的學習時間和遊戲時間，是父母們十分關心的問題。那麼，老威特是怎麼做的呢？事實上，在老威特的教育之道裡，根本就沒有什麼學習時間和遊戲時間的區分。

在遊玩、散步和吃飯時，老威特總是想方設法地豐富威特的知識。在威特學習功課時，老威特絕不允許有任何人或任何事去干擾他。起初，威特平均每天學習十五分鐘的功課。在這個時間裡，威特如果不專心地學習，就會受到父親的責備。在學習時，妻子和僕人有事找威特，他就會拒絕說：「現在不行，威特正在學習。」有客人來訪，他也不讓威特離開座位，他會說：「請稍等片刻。」這樣做當然是爲了使威特養成認眞對待學習的習慣。

老威特很注重視培養兒子做事果斷迅捷的習慣。如果威特做某件事磨磨蹭蹭，即使做得再好他也不滿意。這對培養威特雷厲風行的作風起了很大的作用。

老威特嚴禁兒子在學習語言和數學等知識上敷衍了事，而要他養成精益求精的精神。他的教育方法就像砌磚頭一樣一絲不苟，他認爲不這樣就收不到好的效果。精益求精，是老威特教育思想的一個重要組成部分。

由於老威特像磚頭一樣的學習態度，小威特學會了良好的學習習慣，直到晚年他依然感激他父親的教誨。

說了這麼多，有人一定會說，老威特這些陳舊的教育方法一定消耗了大量的時間。然而，事實並非如此，他每天只花費一、二個小時教育威特。作爲一個牧師，他的工作非常忙，即使想抽出更多的時間也不可能。他在書中寫道：「**透過對威特的教育，我第一次領悟到兒童的發展潛力是多麼大。**」

小威特到八、九歲的時候，某些學科的水準已超過了父親。

兒子永遠是個普通人

我們教育孩子的目的，是使他們成爲全面發展的人才，而不是造就神童或未來的偉大學者。

在一百多年前，就有人對卡爾．威特的教育方法提出質疑。爲此，老威特作了如下辯解：人們以爲我是帶著塑造學者的目的來教育兒子的。甚至有些人以爲我想造就一個神童，爲的是獲得名譽。其實，這些看法都是對我的誤解。我只是想把兒子培養成全面發展的人，所以才擠出自己僅有的一點智慧，在時間允許的情況下，盡力把他培養成健康、活潑、幸福的青年。

我喜歡身體和精神全面發展的人，討厭學究。所以每當我看到兒子過於迷戀希臘語、拉丁語或者數學時，就立即想辦法糾正他。

人們以爲我只是發展孩子的大腦，這是對我的又一誤解。我和妻子共同努力來幫助兒子發展常識、愛好和想像力。我不喜歡缺乏常識和愛好的人，同時，我還盡力使

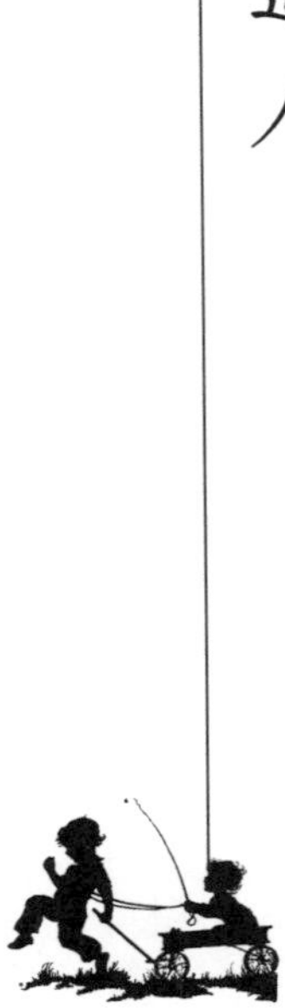

兒子成爲一個既懂感情，又具備高尚道德修養的人。

我討厭學究，學究都是些呆頭呆腦、板著面孔、難以相處的人。他們只懂得自己的專業，不論走到哪裡都喜歡賣弄他的專業知識，而不管別人是否歡迎。同時他們又非常缺乏常識，往往喜歡發表拙劣的議論，被人們當成笑柄。這就是學究。

另外，學究們說話或者寫文章喜歡裝腔作勢，使用一些很少聽說過的學術用語，令人費解。

他們認爲具有常識和愛好的青年是俗人，說什麼善於交際、會寫詩的人終究不能成爲一個像樣的學者。反之，看到那些寫文章只會羅列晦澀的術語，喜歡堆砌毫無價值、又臭又長、除了本人誰也不懂的詞句的青年，卻說他們有出息。

正如某個大學教授平時對學生所說的：「你們只要學會希臘語和拉丁語就行了。所謂科學和外語一邊喝茶一邊說著話就能學會。」

你瞧，他們就是這麼荒謬。我怎麼可能把兒子培養成這樣的人呢？尤其是說我要造就神童好出名的說法，更是對我的誣蠛。什麼是神童？不就是溫室裡的花朵嗎？如果我打算把兒子培養成什麼神童的話，那我就成了害人和褻瀆神靈的人了。

通常，兒童才智過高容易被看成是天才。如果說某人的孩子八歲就學會了六國語言，九歲就上了大學，十四歲就當了博士，那麼他其他方面的發展就容易被人忽略。

事實上，對於這個問題，老威特一直保持著清醒的頭腦，他教育孩子的目的，不僅是要孩子成材，而且還要成爲身心健康的人。老威特爲了把兒子培養成全面發展的人才，在品德教育上花的精力比智力教育更多。這也是一位嚴肅認眞的牧師必然要做的事情。因此，威特從小就受到特別虔誠的信仰教育，並以精通聖經著稱。尤其是基督教的教義，他能全部背下來。

確實有很多牧師的兒子，熟讀聖經，卻喜歡胡作非爲，一點也不懂得尊重別人。威特完全不是那樣的人，人們都說他「像天使一樣純潔」。他確實是個非常虔誠、富於愛心、態度謙和的孩子。他從不跟人爭吵，別說動物，就連一朵野花也不捨得傷害。

關注孩子的心靈

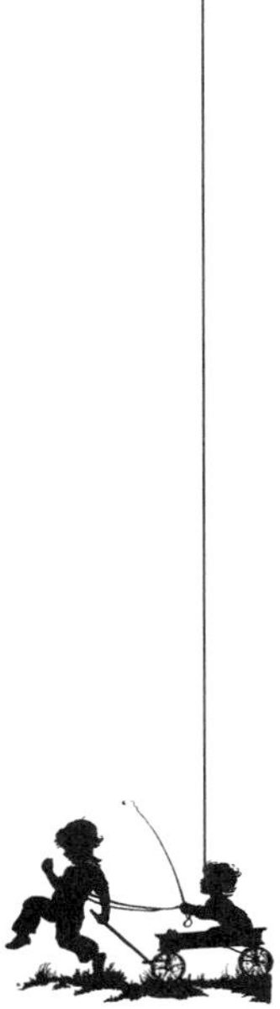

威特六歲時，我帶他去L村的E牧師家作客，並在他家住了幾天。第二天吃早餐時，兒子弄撒了一點牛奶。按我家的規矩，撒了食物是要受罰的，只能吃麵包和鹽。威特很愛喝牛奶，加上E牧師全家都非常喜歡他，給他的牛奶是經過特意調製的，此外還有上好的點心。威特的臉紅了一下，遲疑了一會兒，但始終沒有喝牛奶。

我假裝沒看見，E牧師家的人看到這種情況，沉不住氣了，再三要他喝牛奶，可兒子還是不肯喝。E牧師家的人不明白他爲什麼不喝，就一再勸說，威特終於說：「我灑了牛奶，就不能喝了。」

E牧師家的人都說：「沒關係，喝吧，一點關係也沒有。」

我只顧吃我的點心，仍然假裝沒看見。威特還是不喝，於是，E牧師全家推測，威特一定因爲怕我責備才不敢喝，就向我發起了進攻。這時，我讓威特出去一下，然後向E牧師全家說明了原因。他們聽了都說；「一個才六歲的孩子，因爲一點小過錯就不能吃他喜歡吃的東西，你的教育也太苛刻了吧。」

我解釋說：「不，威特並不是因爲怕我才不喝的，而是因爲從心裡認識到這是約束自己的紀律，所以才不喝。」

可E牧師一家還是不相信，我只好說：「既然這樣，那麼我離開餐廳，你們把威特叫來，再勸他喝，他肯定還是不會喝。」說完，我就離開了。

他們把威特叫進去，熱情地勸他喝牛奶、吃點心，但毫無作用。接著他們又換了新牛奶，拿出新點心對威特說：「吃吧，你爸爸不會知道的。」

但兒子還是不吃，並一再說：「就算爸爸看不見，但上帝能看見，我不能撒謊。」

他們又說：「過一會兒我們就要去散步，你不吃東西，半路上要挨餓的。」

兒子回答說：「沒關係。」E牧師一家實在沒有辦法，只好把我叫進去，兒子激動地流著淚如實地向我報告了情況。

我聽完後對他說：「威特，你對自己良心的懲罰已經夠了。我們馬上要出去散步，你把牛奶和點心吃了，不要辜負了大家的心意，過一會兒我們好出發。」兒子聽我這麼說，才高興地把牛奶喝了。一個六歲的孩子就有這樣的自制力，E牧師全家感到十分不解。

讀了這個故事，不知你有何感想，大家可能和E牧師家的人一樣，也認爲老威特的教育太嚴格了。是的，從某種意義上說他的教育確實很嚴格。通常，嚴格的教育會給孩子帶來很多痛苦，但他的教育並沒有。這是因爲他的教育方法合理。對孩子的教育就是這樣，只要從小抓起，孩子就不會感到有任何的痛苦。孩子之所以害怕嚴格的教育，是因爲剛開始時的教育方法不當。教育孩子，就像砌磚頭一樣，一定要打好基礎，老威特正是確實地做到了這一點。

按這樣的教育思路，老威特從一開始，就對他要求很嚴格，家規始終如一。要知道，有時允許孩子這樣做，有時又不允許，反而會給孩子帶來痛苦。正如詩人席勒所說，我們不會對未曾得到的東西感到不滿足。不允許做的事，一開始就不允許，孩子也就不會覺得有什麼痛苦了。老威特根據這個道理，從威特一歲時起，就嚴格要求，從未考慮過什麼「孩子太小可以放寬一些，長大後再嚴格一些」。

然而，現在的許多年輕父母，高興時對孩子不管不問，不高興時又格外嚴厲，沒有一個始終如一的規矩，這種朝令夕改的做法會給孩子幼小的心靈造成緊張和混亂。要教育好孩子，父母必須有一個明確的是非觀念，父母自己思想混亂是教育孩子的大忌。另外，父母雙方的意見要一致，老威特就很注意這一點。他在對威特進行教育時，總是要得到妻子的配合。父母在家庭中的傳統形象是所謂的嚴父慈母，如果這是指父母意見不同，或者寬嚴不一的話，那麼這種家庭教育只能以失敗告終。

不要傷害孩子的判斷力

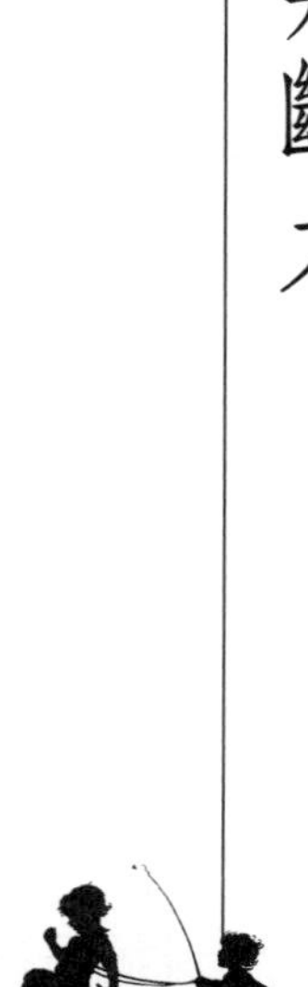

卡爾．威特的教育方法有一個特點，就是嚴格而不專制。所謂專制是指強迫孩子服從。老威特反對專制，他無論在教育方法上還是在其他方面，都很注重講道理，理性地思考問題和處理問題。

卡爾．威特認爲教育的一個重要原則就是不蒙蔽孩子的理性，不擾亂孩子的判斷力。所以他在批評孩子時，總是曉之以理，絕不讓孩子被責備了卻不知道原因。沒有比父母不弄清事實就錯怪孩子更糟糕的事了。即使父母的責怪和禁令是對的，也應該讓孩子明白其中原因，否則孩子就會口服心不服。可是，有太多的父母做不到這一點，其實這就是專制，專制會蒙蔽孩子的理性，使他的判斷力失常。老威特總是盡力弄清事實，避免錯怪孩子。在責備他或者禁止他做某件事時，總是要說明原因，使他明白其中的道理。這樣做就不會使孩子的理性和判斷力受到損害。老威特說，如果孩子失去了正常的判斷力，他的一生就不能正確地判斷是非了。世界上有太多的孩子被扭曲了是非觀念，這是社會發展的最大障礙。他在書中寫道：有一次威特對人說了粗魯的話，我沒有馬上責備他，而是立即向人家道歉說：「我兒子是在鄉下長大的，所以才說出這種話來。請您別介意。」

這時威特就意識到自己說了不該說的話，事後一定會和我談到這件事。這時候我才對他說：「你的話並不是完全沒有道理，其實我也那麼認為。但是在當著別人的面說就不合適。因為你說了那種話，N先生不是臊得臉都紅了嗎？N先生喜歡你，又礙於爸爸的情面，所以沒有說什麼。但他一定生氣了，他後來一直不說話，就是因為你的那些話傷害了他。」我不贊成威特的粗魯，但又向他剖析了這件事的是非，因此他的判斷力也就不會受到損害了。

為了便於讀者理解，老威特又從另一個方面進行了闡述：通過我的解釋和分析，威特基本上就會明白自己錯在哪裡了。為了讓大家明白我的教育方法，我們不妨假設一下。

假設威特說：「可我說的是事實呀。」那麼我就會進一步開導他：「是的，你說的是事實。但N先生可能有他自己的想法，才那麼做的。他可能會想，我有我的考慮，你這麼一個小孩懂什麼。再說，即使你說的是事實，你也沒有理由非那麼說不可。因為那是人人皆知的事，別人不都沒有說話嗎？如果你以為那事只有你一個人知道，那你就太傻了。反過來，如果別人當著大家的面揭你的短，你會舒服嗎？其實揭你的短也不是什麼大不了的事。因爲大人指出孩子的缺點是理所當然的，反正孩子難免有許多缺點，說出來也並不丟人。即使是這樣，大人們不是也沒有那樣做嗎？如果你認爲他們都不知道你的缺點，那你就錯了。他們知道你的缺點而不說是因爲考慮你的自尊心，不想讓你丟臉而已，現在你明白別人對你的好意了吧。而你應該怎麼做呢？也應該像他們一樣。聖經上不是說，己所不欲，勿施於人嗎？所以當著大家的面，說出別人的過錯是很不合適。」

假如威特還是不理解，又提出：「那我不就成了撒謊了嗎？」（事實上他是絕不會這樣問的）我就會繼續開導：「不，當然不能說謊，說謊的人是僞君子。你完全沒有必要說謊，只要保持沉默就行了。如果所有的人都互相攻擊，當眾宣揚別人的缺點，那這個世界不就整天吵鬧不休了嗎？這樣一來，我們也就不能安心地工作和生活了。」我會用這種方式，一直到說到他想通了爲止。不過，對威特來說，我用不著說這麼多，幾句話就能讓他知道自己的過錯，含著眼淚保證不再那樣做。這就是老威特的教育方法。

由於他的教育合情合理、絕不專制，所以孩子的理性和判斷力不會受到傷害。另外，由於威特掌握了豐富的詞彙，並通曉詞義，所以一點就通，根本不必多說。對別的孩子來說，老威特的這種教育方法未必合適，因爲不同的孩子所受的早期教育也不同，有的孩子根本就沒有受過早期教育。表面上看，老威特的教育方法很散亂，其實有著很強的系統性與連續性，希望讀者應根據自己孩子的實際情況，制定合理的教育計劃。

點燃孩子的良善之心

我們在教育孩子的時候，一定要重視品德教育，點燃孩子的良善之心與爲善的性格，使他們樹立正確的世界觀。古往今來，大凡有成就的人，都會擁有健全的人格。任何時代都需要正直、勇敢、有良知的人。老威特就特別注重對兒子的品德教育。從小就給他講歷史上各種從善如流的故事，特別是《聖經》中的故事。只要威特做了好事，老威特就表揚他說：「好！做得對！」同時他又很注意表揚的分寸，以免他產生驕傲情緒。老威特有時也在妻子和親友面前表揚他：「威特今天做了一件不錯的事」。

小威特剛學會識字的時候，老威特就教他背誦各種有關道德的詩。德國有很多歌頌仁愛、友情、親情、勇氣、犧牲的詩篇。小威特很快就背了下來。老威特還爲他做了一個「行爲記錄本」。做了好事，就記下來留做永久紀念。有了這種鼓勵，小威特就會一輩子努力做好事。老威特最下功夫的是讓兒子把做好事當作一種樂趣，讓他體會到做了好事後的快樂。

讓孩子理解這種快樂確實不是一件容易的事，但也並非不可能。就像下圍棋或者象棋，打排球、網球或者板球一樣，不學就體會不到其中的樂趣。在實際的教育過程中，鼓勵做好事和鼓勵學習在方式上多少有些不同。概括的說，老威特的宗旨是：「學習能爲我們帶來今生的幸福，而善行則給我們帶來上帝的嘉獎。」

因此，只要威特學習好，父親每天都給他一個戈比作爲獎勵。但如果學習好，而行爲有過錯，那就得不到獎勵了。威特在他的書中寫道：經常出現這樣的情況，兒子主動對我說：「爸爸，我今天犯了錯，錢就不要了。」

這時，我由於欣喜甚至想給他加倍的獎勵。但爲兒子著想，我會抑制住激動的火花，平靜地說：「是嗎？爸爸不知道，那麼你明天去做件好事吧。」實際上我心裡很難受。這時，我常常忍不住去親吻他。

我們說卡爾·威特是了不起的教育家，他卻用錢來鼓勵學習，大家可能覺得可笑，因爲這和很多世俗的做法一樣。其實，老威特這麼做是爲了讓孩子懂得「學習能帶來今生的幸福」。

他在書中寫道：「雖然有點難爲情，但只要兒子學習好，我就每天給他一戈比。這樣做是爲了讓兒子知道要獲得一點報酬是多麼艱難。」給他的錢怎麼花呢？老威特盡量使他花得有價值，讓他明白買零食之類的東西沒有意義，而買書和工具卻可以永遠發揮作用。如果在耶誕節或別的節日裡給朋友和窮人家的孩子買點禮品，父子倆都會感到非常快樂。

附近的人們有了災難，不管身分是否相稱，老威特總要前去看望。這時小威特也會拿出自己存的錢去慰問。於是父親就表揚他說：「威特，你做得對，雖然你的禮物很少，但卻像『窮寡婦的一個銅板』那樣有價值。」

窮寡婦的一個銅板是聖經中的故事，在馬可福音第十二章的結尾：耶穌坐在銀庫對面，看眾人怎樣投錢入庫。有些財主往裡面投了很多的錢。有一個貧窮的寡婦走過來，往裡面投了兩個銅板。耶穌便叫門徒來，對他們說：「我告訴你們，這個窮寡婦投入庫裡的，比眾人所投的更多。因爲別人都是把餘錢投在裡面，但這個寡婦是自己不足，卻把僅有的一點活命錢都投進去了。」

在威特幼小的心靈裡，不知積累了多少優美動聽的故事。引用聖經裡的話和各種傳說故事來教育孩子做好事，已經成了老威特的習慣。他從威特很小的時候起，就讓他記住了這些話。所以每當他對兒子說，「威特，某某人遇到這種情況會怎麼做」時，威特立即就能明白，不是努力做好事，就是停止做壞事。

驕傲的孩子是可憐蟲

爲了鼓勵兒子學習，老威特曾經做過這樣天眞的事。就是當威特看完或者譯完一本書時，父子倆如釋重負，一起喊著作者的名字，如「荷馬萬歲」、「維吉爾萬歲」等。

這時孩子的媽媽也進來祝賀：「恭喜恭喜。」接著就上街買回來很多東西，做威特愛吃的菜，請來兩三個關係密切的親友開派對。開席之前父親首先會說，這本書非常難，但是威特以頑強的毅力完成了，這使他獲得了很大的進步。並且宣布威特將要攻讀的下一本書的名字。

接著人們就向他祝賀：「恭喜恭喜。」

但是，在表揚孩子的問題上，老威特警告人們不要做過了頭，否則孩子會因你過分的讚揚而飄飄然。

如果威特學習好，父親會給他錢，但如果他做了好事，父親就不會給錢，而是寫

進「行爲記錄本」，並給予表揚。總而言之，老威特不會過多表揚兒子。因爲表揚太多，也就失去了價値。所以，即使威特學習非常好，他也只是說「啊，不錯」。如果威特做了好事，他就說「好，你做得對，上帝一定會高興的」，並不表揚得過了頭。當威特做了一件大好事時，他就抱著兒子親吻，不過這種情況不多。所以父親的親吻對威特來說是極爲可貴的。老威特想讓兒子懂得：對於善行的報答就是善行本身帶來的喜悅，是上帝的嘉獎。老威特不過分地表揚兒子，爲的是不讓他產生自滿情緒，孩子一旦驕傲自滿，以後就會很難糾正。他向威特傳授了很多知識，但從不說這是物理學，那是化學等等，爲的就是不讓他覺得自己了不起。

爲了防止兒子驕傲自滿，老威特下了很大的工夫。他不僅自己不過多地表揚孩子，也不讓別人表揚他。每當有人要誇威特時，就把他支出屋子不讓他聽。他擔心過多的讚揚會毀了兒子，而且很多人的讚揚往往不是出於眞心誠意，而僅僅一些奉承話。威特長大了一些後，父親就常常對他說：「知識能博得世人的稱讚，而善行只能得到上帝的稱讚。世界上到處都是沒有學問的人，由於他們自己沒知識，所以一見到有知識的人就讚不絕口。然而世人的讚賞是反覆無常的，既容易得到也容易失去。而上帝的讚賞是由於行善才得到的，來之不易，所以是永恆的。因此，不要把世人的讚揚放在心上。喜歡別人讚揚的人必然要忍受別人的誹謗。僅僅因爲別人的評價而歡喜或苦惱的人是最蠢的。因別人的詆毀而悲觀的人固然愚蠢，但稍受讚揚就忘乎所以的人則更愚蠢。」

老威特還反覆告誡兒子說：「一個人無論怎樣聰明、怎樣有知識，與無所不能的上帝相比，只不過是一粒塵埃。有了一點知識就驕傲自大的人，其實是很可憐的。奉承話大多是假的。但說來可笑，這虛假的奉承話竟然是世人說得最多的。因此，誰要是完全相信這種話，那他就是個糊塗蟲。」

老威特就是用這種方法來教育威特不要妄自尊大，在外人看來，這老頭似乎有些不懂人情世故，但他的這種教育卻獲得了極大的成功。

老卡爾·威特曾經在書中寫道：

世界上也許再沒有像我兒子這樣被人們廣爲稱讚的孩子了。只是因爲我的努力，兒子才沒有毀於過多的讚譽。有一次，哈雷宗教事務委員塞恩福博士對我說：「你的兒子很驕傲吧？」我說：「不，他一點兒也不驕傲。」塞恩福博士堅持說：「這不可能，像他那樣的神童如果不驕傲，那他就不是人。驕傲是肯定的，這也是很自然的事。」

後來，我讓他見到了威特。他們談了很久，塞恩福博士對威特有了新的認識。他對我說：「我眞的很佩服，你兒子確實一點兒也不驕傲。你是怎樣教育他的呢？」我讓威特站起來，讓他把我的教育方法說給博士聽。博士聽後信服了，他說：「的確，如果是這樣教育孩子，他就不可能驕傲，眞是佩服。」

還有一次，有個地方督學官到格廷根走訪親戚家。他在來格廷根之前，就已經從報上和人們的傳說中知道了威特的事。由於他的親戚與我們來往密切，非常了解威特的情況，他到了親戚家後，就知道得就更詳細了。他想考考威特，就讓他的親戚把我們父子請去了。

我接受了這個邀請。他向我提出要考考威特。我照例要求他答應我的條件：不管我兒子表現如何，絕不要表揚他。他擅長數學，所以提出主要考數學。我回答說：「只要不表揚他，考什麼隨你的便。」商量好後，我就把特意留在外面的兒子叫進來。考試開始了，他先從世故人情問起，然後開始考學問。威特的每一個回答都讓他十分滿意。最後是他所擅長的數學考試。由於威特也擅長數學，所以越考越使他驚訝。每一道題我兒子都能用兩、三種方法去完成，還可以按他的要求去解題。這樣一來，他就不由自主地開始讚揚起威特來。我趕緊向他使眼色，這才住了口。

由於兩個人都擅長數學，考著考著就進入了艱深的學術領域，最後進行到了督學官所不知道的地方。這時，他又忘了我們的約定，不由自主地叫了起來：「唉呀！他已經超過我的學問了！」

我想這下糟了，立即潑冷水：「這不算什麼，這半年威特在學校裡聽數學課，所以還記得。」

督學官覺得還不盡興，又對我兒子說：「你再想想這道題，這道題歐拉先生花了三天時間才做出來。如果你能做出來，那就太了不起了。」

他的話讓我很擔心。我並不是怕威特做不出那麼難的題，而是擔心他眞的把那道題做了出來，以後會產生驕傲自滿情緒。但我又不好說「請不要考這道題了」。因爲他還不了解我們，這樣說可能會引起他的誤會，以爲我是怕兒子做不出那道題才這樣說的。我只好什麼也不說，在一旁看著。這道題是說一個農夫想把一塊地分給三個兒子，但要把地分成三等份，而且每個部分都要與整塊地形狀一樣。他說完題目後，問威特有沒有在哪兒聽說過，或者是在書上見過這個題，威特回答說沒有。他說：「那麼給你一些時間，你試試看。」說完就拉著我的手退到裡面房間，對我說：「你兒子再聰明，也很難把那道題做出來，我是爲了讓他知道世界上還有這樣的難題才出的。」

可是，督學官話音剛落，就聽兒子在外面喊：「做出來了。」「不可能。」督學官說著走了過去。兒子對他說：「三個部分相等，而且各個部分都和整塊地相似，對吧？」督學官不快地說：「你是不是事先知道這個題？」威特一聽覺得很委屈，含著眼淚再三聲明：「不知道，眞的不知道。」

這時我再也不能沉默了，擔保說：「我兒子做的事，我全都清楚。這個問題的確是頭一次遇到，何況威特是從不撒謊的。」督學官說：「那麼，你兒子超過了大數學家歐拉了。」我在他手上掐了一下，立即說：「瞎鳥也有撿到豆的時候，這是碰巧。」督學官這才領會到我的意思，趕緊點頭說：「是的，是的。」然後就在我耳邊小聲說：「哦！我眞佩服你的教育方法。這樣教育，不管你兒子有多大的學問也不會驕傲。」兒子很快就把這件事拋到了腦後，和別人高興地交談起來。督學官對這一切感到十分欣慰。

這個故事說明了老威特在教育孩子時有多麼愼重，他熟知孩子成長的每一個細節，每一次內心感受，這樣的父親，確實是非常偉大的。

讓孩子身心健康

老威特曾經說過，他的教育理想是要造就身心全面發展的人才，所以他重視智力、品德和身體的全面發展。他不希望自己的孩子變成溫室裡的花朵，經不住風吹雨打。父子二人經常一起到城市、鄉村和野外散步，威特從小就是一個非常健康、活潑的孩子，而且，他的一生都很健康。

老威特並不滿足於智力、品德和身體素質三方面的培養，他還培養威特廣泛的愛好。培養孩子的愛好也是經過細心安排的，他首先從自己的住房開始做起。在他們家的住房裡，絕不會有任何沒有情趣和不相協調的東西。牆上貼著使人賞心悅目的牆紙，上面掛的畫都配上了精心挑選的畫框。室內的擺設都很有情趣，絕不擺設粗俗的東西。如果別人贈送的禮物和自家的陳設不協調，他絕不會擺出來。穿衣服也是如此，講究素雅和整齊。一家人穿戴得乾淨俐落。老威特從小就按紳士的標準訓練孩子的品味與格調。

老威特要求孩子在生活上要有情調。他還在住宅的周圍修上雅致的花壇，栽上各種各樣的花卉，以保證一年四季常開。同樣，花卉也是經過精心挑選的，他從不移植沒有情趣和不協調的花卉。

為了提高孩子的文學修養，老威特想盡了辦法，結果使威特成了一個文學通，他幾乎背下了所有著名的詩篇。但威特絕不是一個沒有愛好的書蟲，他很早就會寫詩。威特長大後，既是一位法學教授，又是研究「但丁」的權威，而他最初得到博士學位是因為他擅長數學。由此可見，他是一個具備多方面知識的人才。

老威特還很重視培養兒子的同情心。威特三歲時，有一次家裡來了很多客人，他們和威特愉快地聊著天。這時，他家的一條狗跑了進來，威特一把拽住狗尾巴，把牠拉到自己身邊。老威特見了就伸手揪住威特的頭髮不放，一臉怒色。威特一驚之下，就把拽著狗尾巴的手鬆開了。這時父親也鬆開了手，他說：「威特，你喜歡被人揪住頭髮嗎？」威特紅著臉說：「不喜歡。」「如果是這樣，那麼你也不應該那樣對待狗。」說完就讓他離開客廳。這一方面是對威特的處罰，同時也是怕客人袒護威特。

由於老威特施行的教育，是讓兒子站在他人的立場上來考慮問題，所以威特就成了一個心地善良、感情豐富的人。他不僅對人類懷有深情，就是對鳥獸也十分憐憫。

轟動法國的事件

在老威特獨特的教育方法培養下，威特在學業上進步驚人，不到八歲已經遠近馳名。各個行業的人從四面八方趕來考他，離開時個個都感到萬分驚訝。很快，威特的名聲越來越大，他的名字經常出現在各種報紙上。

一八〇八年五月，梅澤堡一個叫做泰爾瓊斯·蘭特福克的教師，爲了激勵自己的學生，請老威特允許他當著學生們的面考威特。老威特怕兒子因此驕傲自滿，很是猶豫，但最後還是答應了。

不過他提了一個條件，就是考試之前不要讓威特知道。同時還要提前跟學生們說好，絕不能說一些讚揚的話。

蘭特福克答應了，並正式邀請威特父子參觀自己的學校和學生，並希望他們提出批評和建議。

於是老威特對兒子說，由於蘭特福克先生特地前來邀請，我們就去一下吧。到了

學校，蘭特福克把他們帶到教室，讓他們坐在後排。那堂課是希臘語課，教科書是《波魯塔克》，這是一本令學生們很頭疼的書。蘭特福克請威特回答給同學們看，威特不假思索就把學生們不懂的地方答了出來。不僅如此，對別的問題也是對答如流。蘭特福克感到非常吃驚。

接下來，蘭特福克把拉丁語的《凱撒大帝》一書交給威特，並向他提出問題。威特又輕鬆地作了回答。蘭特福克又拿出了一本用義大利文寫的書讓他讀，他也讀得很流利。老威特還用義大利語插話提了幾個問題，威特也全都作了回答。蘭特福克還想考考他法語，由於教室裡找不到合適的書，就用法語和他對話。威特也用法語回答各種問題，就像用本國語一樣流暢。

後來蘭特福克又問了希臘的歷史和地理，儘管提的問題又多又雜，但威特毫不遲疑地一一作了回答。最後考的是數學，無懈可擊的答案使在場的老師和學生都爲之驚訝。這時的威特才七歲零十個月。從此，威特成了一個得到社會認同的天才兒童。

幾天後，《漢堡通訊》詳細報導了事情的全部過程。報導以「幾天前，在本地發生了一個足以載入教育史的驚人事件」開始，結束語是「這個孩子絕不是少年老成，而是非常健康活潑、溫和天眞，沒有一點年輕人常有的傲氣，好像完全沒有意識到自己過人的才華。這個孩子叫卡爾．威特，是洛赫村威特牧師的兒子。一個孩子在精神和身體上能夠得到如此理想的發展，威特牧師一定有一套非常有意思的教育方法，但遺憾的是，關於這方面威特牧師沒有細談。」

《漢堡通訊》的報導在整個德國掀起了軒然大波，各地報紙紛紛轉載。於是，威特的名字一下子轟動了整個德國。

年僅九歲的大學生

德國人和其他民族有一個顯著的不同，就是他們自古以來特別尊重學者。這也是德國能夠繁榮昌盛的一個原因。威特出名後，萊比錫大學的一位教授和本市一個有權勢的人打算讓威特進萊比錫大學學習。他們說服老威特讓本市托馬斯中學校長勞斯特博士對威特進行考核。剛開始，老威特怕對方亂出考題拒絕了。但經過再三相勸，最後還是同意了。勞斯特博士並不是老威特所想像的那種學究，而是一個通情達理、和藹可親的學者。他透過交談完成了對威特的考核，而威特沒有覺察到這是考試。當時是一八〇九年十二月十二日。考試結束後，勞斯特博士就給他寫了一份成績證明書。內容如下：

今天按我的要求，對九歲的少年卡爾・威特進行了測驗。希臘語考試從《伊里亞德》中選了幾段；拉丁語考試從《艾麗依斯》中選了幾段；義大利語考試從伽利略的著作中選了幾段；法語考試則任意在一本法文書中選了幾段。都是比較難理解的段

落，但是威特答得很好。他不僅有豐富的語言學知識，而且有很強的理解力，具有淵博的綜合學識。聽說這個令人讚嘆的少年是其父威特博士教育的結果。我認爲他的教育方法值得學者們重視。總之，這個少年完全具備上大學的條件，爲了學術的發展，讓他上大學深造是完全必要的。

勞斯特博士的證明送到萊比錫大學後，校方同意威特於第二年一月十八日入學。入學那天，父親把他送到了萊比錫大學，校長居恩博士見了他們非常高興，和他們談了很久，並向市裡的商界、政界和知識界發了一封公開信，信的大致內容如下：

洛赫村牧師威特博士的兒子卡爾・威特，才九歲就具備了超出十八、九歲青年的智力和學識。這是他父親對他進行了早期教育的結果。由此可見，適當的早期教育可以使兒童的能力發展到令人難以置信的程度。他能毫不費力地翻譯法語、義大利語、拉丁語、英語和希臘語的詩文。他最近被很多學者考核過，沒有一個不爲他的學識而驚嘆的。他還在國王面前接受過考試。他具備非常豐富的文學、歷史、地理等方面的知識。這些都是他父親教育的結果，所以說他父親的教育方法也像他的學識一樣，令人驚嘆。

和其他許多神童不同的是，威特非常健康、快樂和天眞，他沒有一點其他神童通常會有的傲慢，這一點眞是難能可貴。只要今後繼續對他進行教育，其發展前途是不可估量的。

但是，由於這個少年的父親收入微薄，又住在農村，難以繼續對他進行教育。威特過去是由父親教育的，今後的教育則讓他父親力不從心了。他父親希望全家能都搬到城裡住，使威特在上大學的三年裡能住在自己身邊。由於他父親是農村的一個窮牧師，不可能放棄牧師職務到城裡來。所以我向諸位呼籲，只要威特博士每年能得到四個馬克，就可以實現他的心願。為此特向諸位募捐，每年四個馬克，捐助三年。

這是一個美好的事業，我相信諸位是不會眼看著一個天才被埋沒的。何況威特博士來本市也可以對別孩子進行同樣的教育，這會大大推進我們的教育研究。總之，這是最為美好的事業，希望諸位踴躍參加。

這封信引起了極大的迴響，儘管每年預定的籌款是四個馬克，但實際上達到了八個馬克。

兒子的成功也改變了老威特的命運，市政府為老威特劃出了從事牧師工作的區域，並發給他雙份工資，要求他一定要到萊比錫來。

國王恩准威特在格廷根大學就讀，於是老威特為了得到國王的辭職許可，帶著威特去了卡塞爾。老威特到達卡塞爾後，碰巧國王外出旅行了。於是他們第二天早上去拜訪拉日斯特大臣，拉日斯特大臣也對威特進行了考核，同樣大吃一驚。

他一共考了三個小時，最後確認威特是個名副其實的優秀人才。他覺得把這樣的人才送到國外去太可惜了，因爲萊比錫當時屬於薩克森。他問了老威特許多有關教育方法的問題，最後決定不讓父子倆去萊比錫而留在國內。

第二天，拉日斯特設晚宴招待威特父子和其他大臣們。宴會上當眾考了威特，大臣們都感到十分滿意。經過協商，他們決定請國王來承擔萊比錫市民們所承擔的義務，讓他們留在國內上格廷根大學而不去萊比錫。但老威特以不能辜負萊比錫市民的好意而拒絕了。但由於沒有得到國王的許可，他們無奈地在洛赫等著。這一年七月二十九日，老威特接到了維爾弗拉得大臣的來信。信的內容大致如下：

我們已經將足下的辭意和令郎的非凡才學呈報國王陛下，熱心於教育的陛下讓我傳達他的命令。准許足下在本年耶誕節後辭去現職，待令郎大學畢業後再爲足下劃出從事牧師職業的區域。陛下認爲由於國內也有優秀大學，所以沒有必要去外國上學，應留在國內就讀。而且不必接受外國的資助，在今年耶誕節之後的三年中，每年下賜六個馬克，讓令郎在格廷根大學學習。我很榮幸地向足下傳達御令，也願爲令郎的教育盡微薄」等等。再喻，爲遷往格廷根。從即日起到耶誕節期間可以做離職準備。

由於得到了國王的關照，威特在這一年秋天上了格廷根大學，一共學習了四年。四年中，他所學的科目如下：

第一學期是古代史和物理學；第二學期是數學和植物學；第三學期是應用數學和生物學；第四學期是化學和解析學；第五學期是測量學、實驗化學、礦物學和微積分等；第六學期是實用幾何學、光學、礦物學、法國文學；第七學期是政治史、古代史；第八學期是高等數學、解析化學、倫理學、語言學等。剛開始上學時，父親和他一起去學校，以便照顧他，因爲威特年齡太小。

老威特和兒子在一起，就能夠繼續對威特實施自己的教育，儘管威特在很多方面已超過了他。

威特的大學生活是輕鬆愉快的。按理說，一個十歲左右的孩子和二十歲左右的青年一起學習，一定會很吃力。但事實上威特的學習一點也不吃力。他可以盡情地玩耍和運動，並經常去採集動植物標本。他會畫畫、彈鋼琴，還會跳舞。除了上課，他從來沒有停止過對古代語和近代語的研究。關於他在一八一一年春季，也就是第二學期的學校生活，老威特作了這樣的記錄：

復活節假期一到，我就帶著威特出去旅行，人們對這件事感到不解。他們以爲我一定會利用這一周的假期拼命幫兒子複習功課，以爲我們會天天跑圖書館。我的朋友們也是這樣勸我的。但是我回答說：「如果我是打算讓兒子做一個供人觀賞的展覽品，我就那麼做，可那不是我的目的。我認爲，兒子的健康和見識比學問更爲重要，何況他的學習時間已經綽綽有餘了。」朋友們聽了都很驚訝。

老威特非常重視兒子的健康，他要兒子把室外運動當作一門功課持續下去，而且風雨無阻。

在風雪交加的天氣裡，常常可以看到他們父子倆在馬路上漫步。

第二年夏天，也就是第二學期末，國王傑羅姆到格廷根大學視察。國王參觀了學校的各個地方，最後來到了植物園。由於威特這個學期在聽植物學講義，所以和其他學生一起在植物園裡。國王的隨從中有前面提到過的拉日斯特大臣。他一眼就認出了威特並向國王作了介紹，國王非常高興，要和威特談一談。於是大臣就把威特叫到國王夫婦面前，同時也允許老威特覲見。國王鼓勵威特今後要更加努力學習，並表示要永遠給予保護，希望他安心學習。

威特父子從國王面前退下後，隨行的貴婦人蜂擁而上，爭著親吻威特。然後讓威特走在兩個將軍中間，跟在國王後面，直到把國王送上車為止。這年威特才十一歲。

一八一二年冬，威特開始上第五學期。他十二歲時公開發表了關於螺旋線的論文，受到了學者們的一致好評。又因為他在書中介紹了自己發明的非常簡便的畫曲線工具，更是倍受稱讚。

第七學期，他在專心致志地學習政治史的同時，還擠出時間寫了一本關於三角的書。當時他才十三歲半。這本書當時沒有馬上出版，直到一八一五年他離開格廷根大學到了海德堡大學以後才出版。

一八一三年，老威特接到了國王的一封信，信上說把供給威特的學費延長到四年，並允許他到任何一所大學裡就讀。這是由於原來擬定的供給三年學費的期限已到。一年前拿破崙遠征俄國失敗，其勢力日漸衰落，十月份萊比錫戰役失敗後，維斯特法利亞王國就崩潰了。這時，維斯特法利亞政府就把威特推薦給了漢諾威、布朗斯維克和黑森三國政府。眾所周知，維斯特法利亞政府官員中有一半是德國人，再加上處於戰爭時期，所有的國家都缺錢，如果不是急需的事就不准花錢。儘管如此，三國政府還是接受了這個推薦，痛快答應承擔威特的學費。

由此可見，威特的才學在當時得到了何等的重視。

十六歲的博士

一八一四年四月，威特到維茨拉爾旅行，並訪問了吉森大學。該大學的哲學教授們非常歡迎他，並和他一起討論了學術上的各種問題，最後承認了他的學術水準——尤其是一八一二年公開發表的論文。一八一四年四月十日，校長赫拉馬萊博士授予他哲學博士學位。接下來他又訪問了馬爾堡大學，同樣受到了熱烈歡迎。

由於格廷根大學第八學期的學費是由漢諾威、布朗斯維克和黑森三國政府出的，當威特父子去布朗斯維克領取學費時，該國政府就把他們介紹給了布朗斯維克公爵。當時公爵正準備外出旅行，但還是很高興地接見了他們，談了很長時間，並熱心地建議他們去英國留學，還說只要他們願意去，就把他們推薦給在那裡的親屬並願意負擔學費。可見一百多年前，尊重知識已經成爲一種社會風氣。

當卡爾·威特父子去漢諾威領取學費時，被聘請作報告。因爲此前威特曾經在薩爾茨韋德作過數學報告，並受到了極大的好評。當威特問對方要求講什麼時，他們仍然提出請他講講數學方面的問題。威特在接受邀請的第二天，在當地中學的大禮堂裡作了報告。當時是一八一四年五月三日，他才十四歲。市裡所有的知識份子都去聽他作報告，他用的是德語，講得既流暢又清晰。由於連日來忙於應酬，他每天很晚才休息，根本沒有時間準備，有人就產生了懷疑，繞到威特後面看看他是不是有講稿。當他看到威特沒有講稿後，就更加吃驚了。威特注意到了這一點，為了消除聽眾的懷疑，特意離開講桌，這時聽眾報以經久不息的掌聲。威特的演講結束後，當局承認了他的才學，發給他比承諾的金額還要多的學費。肯布里基公爵和布朗斯維克公爵一樣，建議威特去英國留學，並答應推薦和出學費。

十四歲的小威特從格廷根大學畢業後，父親開始為他考慮今後的出路。如果想讓威特早日功成名就，最好的辦法是讓他去鑽研的某個熟悉的領域，但他認為這樣做只能使威特成為一個偏才。為了使威特掌握更多的知識，他決定讓威特去學習法學。有位數學教授得知後深感遺憾。

但老威特說：「決定專業方向應該在十八歲以後，在這之前應該學習所有的知識。等他滿了十八歲，如果他喜歡數學的話，那就讓他研究數學。」於是，威特就上了海德堡大學專攻法學，兩年後獲得了法學博士學位，這一年他十六歲。

這一年他還被任命為柏林大學法學教授，但由於普魯士國王命令他去義大利留學才未登上講壇。老威特擔心他太年輕，不放心他一個人去國外，所以到一八一八年他滿了十八歲才讓他去義大利。

到這時，老威特也該休息一下了，他那神奇而質樸的教育方法在自己的兒子身上得到了驗證，這的確是一套非常有效的教育方法，當兒子功成名就之後，他自己也獲得了成功，從某種意義上說，他對人類教育事業的貢獻，超過了兒子對德國知識界的貢獻，因爲運用他的教育方法，世界各地又培養出了無數小威特式的天才。

第二篇

塞德爾茲的

自由教育

HARVARD BOOK PARENTING

HARVARD BOOK PARENTING

俗物是怎樣變成的

從前面的章節中，我們已經知道塞德爾茲的故事了，大家或許還記得塞德爾茲的父親塞德爾茲博士所著的那本《天才與俗物》的書，這是一本只有一百頁左右的小冊子，但它卻是一本非常有趣的讀物。

下面就是在這本讀物中，所涉及的主要內容。《天才與俗物》的作者認爲，循規蹈矩的兒童，長大成人以後必然會成爲俗物。

他們的特徵是很聽話，總是唯命是從，害怕批評，竭力使自己的舉動不違禮俗、不犯過錯；他們接受別人教給的東西，幾乎從不表示懷疑；之後，他們把嫉妒、恐懼和挫折全都傳達給了自己的孩子。這樣的人爲數眾多，就散布在我們的周圍。

作者在書中還提到過小塞德爾茲的一個最要好的朋友，名叫格蘭特爾·哈塞，他就是這樣一個不自由的孩子。格蘭特爾的父親哈塞先生是一位醫生，也是經常與塞德爾茲共進下午茶聊天的朋友，塞德爾茲對他和他的家庭都非常了解。

哈塞從一生下來就備受束縛。他被層層衣服捂得嚴嚴實實，發現自己想踢腿時卻不能自由地踢腿；他養成了吮吸拇指的習慣，爲了不讓他養成這個壞習慣，媽媽就把兒子的手臂綁進袖筒裡，或者把什麼難聞的東西塗在他的指尖上；當他開始在地板上玩耍時，立刻便會聽到「淘氣」、「煩人」之類的指責。

家庭中總是有那麼多惱人的瑣事，父母時常會因爲這些瑣事而大聲爭吵，這些爭吵刺痛了小哈塞的神經，他害怕，並哭泣不止。這樣沒道理的哭喊，往往使他挨大人的打罵。

他父母最關心的是子女不犯錯，所以，當親戚鄰居來拜訪的時候，哈塞必須表現出自己是一個有教養的好孩子。在女士們遞給他一塊巧克力時，他必須說聲「謝謝，夫人」；在男人們命令他離開時，他必須恭恭敬敬地說：「是的，先生」；他還必須留心在飯桌上的舉止，不管有多餓也不能狼吞虎嚥，尤其在大人談話時，必須管住自己的嘴巴。

在智力上，哈塞是正常的，甚至可以說他很聰明。他學習起來毫不費力，成績十分優良，因此擺脫某些愚蠢的教師對他的嘲弄和責罰。但是，他的學校生活同樣毫無樂趣可言。學校一心只想把他訓練成循規蹈矩的學生，哪怕再不合理的規矩他也不能有絲毫反抗。

可以想像，哈塞也會上大學，但儘管如此，他離開學校時只會學到一些膚淺的東西。沒有多少用處的知識和學問。憑這點東西只能看看報紙、無聊的電影和流行的偵探叢書。

而且就算接受高等教育，哈塞也不會知道眞心想從事的事業是什麼。是的，他也有過少年的夢想，希望成爲一名探險家、飛行員或是畫家等，但他的理想往往會換來人們的驚呼：「難道你想靠這種職業爲生嗎？你怎麼養活你的妻子和孩子？」最後，在職業的選擇上，哈塞會遵從父親的意志，他自己對生活的理想則根本無足輕重。

在生活中我們隨時隨地都可以目睹這樣的教育和這樣的兒童。

我們還會看到這樣的情景：有個孩子出來時穿著乾淨嶄新的衣服，看起來對自己很滿意，但他很快就不在意這身新衣服，而是玩起泥巴，他蹲在地上，玩得興高采烈，自然，他那身新衣服保不住了，不過情況還不太糟，只是稍微弄髒了一點，但他母親看見時卻好像世界末日來臨了，急忙上前去打了他一巴掌，一邊數落一邊把他帶進屋。過了一會兒母親又送孩子出來，孩子已換了件乾淨的衣服，可還在哭，滿臉的委屈。

十分鐘後，那可憐的孩子又把衣服弄髒了，接著又出現了剛才發生的情景。在這種情況下的孩子，將爲生活而痛恨自己的母親，而比這更糟的是，他還會痛恨生活。

大人們認爲，應當教會孩子處處爲大人著想，讓大人盡可能過安靜的生活。因此，培養服從、禮貌和恭順是十分重要的事。兒童的自由天性就被這種愚蠢的力量所扼殺了。他們在搖籃時期就被弄得毫無生氣，他們受到的教育就是拒絕生活。因爲，他們年輕的生命就是一個漫長的否定，不要吵鬧，不要頑皮，不要說謊。不要不守規矩等等。

塞德爾茲感慨道：「**在這種教育下產生出來的難道不是俗物嗎？難道我們指望靠這些俗物來實現人類社會的幸福與完美嗎？不，俗物們只會成爲那種狹隘的唯命是從的小人，一生只能低頭哈腰，他們只會使世界變得更糟。**」

與他的朋友哈塞相比，小塞德爾茲小時候是一個反應靈敏、行動自由的頑皮的孩子。當你舉起他時，他的身體像小貓一樣輕盈而放鬆。但可憐的哈塞舉起來卻像一袋笨重的馬鈴薯，他不會放鬆自己，他的反應完全是防禦性和反抗性的。

小塞德爾茲成爲這樣的孩子完全是因爲他從一生下來就很少受到束縛與壓抑。在嬰兒時期，他不受衣服的捆綁，自由地活動身體，他餓了就進食，只有到必要時才養成整潔的習慣；他很少受到大聲指責，也很少挨打，總是被愛著並受到保護；他大部分的時間都在玩耍，因而他只用兩年多一點的時間就學完了別的兒童用八年才能學完的功課。

母親手中的吉他

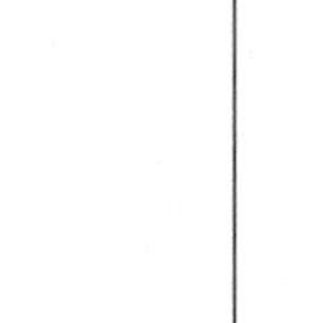

我們可以從大量的文獻之中看到，那些被稱爲「天才」的人，大多數都非常喜愛音樂，並都有接受過音樂教育的經歷。

對於一個孩子來說，音樂對他的影響非常明顯。孩子對音樂的敏感遠遠超出了視覺。

塞德爾茲在兒子誕生後不久就發現了這一點，所以在兒子的成長過程中，他始終把音樂教育放在很重要的位置上。

每當母親在客廳中演奏鋼琴時，小塞德爾茲總會有不同的反應，這種反應在他還在搖籃中的時候就已經開始，當他哭鬧之時，一聽到悅耳的琴聲便會立刻停止，甚至有時會流露出愉快的笑容。

當孩子哭鬧的時候，母親並沒有像其他的父母那樣遞上吃喝，而是常常用音樂去慰藉孩子，因爲孩子哭鬧時遞上吃喝的東西，不但對孩子的健康有害，也會使孩子養成一種惡習，他們會在幼兒的頭腦中形成這樣一種概念，即哭鬧便能換來吃喝，吃喝是世界上最好的事。形成了這種概念的孩子必定會變成一個俗物。

由於鋼琴的聲音過大，母親便時常彈吉他給兒子聽，她認爲，吉他是一種很棒的樂器，如果兒子將來打算學音樂的話，她一定首先教他演奏吉他。

事實上，在以後的日子裡，母親的確是這樣做的，直到小塞德茲在哈佛念大學的時候，他一直將那把心愛的吉他帶在身邊，他的演奏也得到了人們的好評。

塞德爾茲認爲：如果小塞德爾茲能稱得上「天才」的話，那麼從某種意義上講，音樂便是他成爲天才的潛在因素。這種說法千眞萬確。

通常，人們總以爲讓孩子學習音樂僅僅是爲了使他們多一種愛好，或者陶冶性情，或者消磨時光，而在塞德爾茲看來，學習音樂正是孩子智力開發的有效手段。

小塞德爾茲之所以那麼小就能讀書寫字，並對詞彙的意義有準確的理解，這在某種程度上都歸功於音樂，塞德爾茲用一個眞實的例子說明這個問題：

有一天，妻子正在教小塞德爾茲學習一系列的形容詞，當她講到「快樂、興奮、幸福」這些詞時，小塞德爾茲流露出了不理解的表情。

他覺得這幾個詞都差不多，在多次講解之後仍然不能領會它們之間的區別。

這時，妻子拿起了那把可愛的吉他。

她輕鬆地彈奏了一連串音符，並且主要是在吉他的一弦（E）上演奏的。

「你明白了嗎？這就是快樂的感覺。快樂是一個形容詞，快樂就像在一弦上彈奏出來的音符。」妻子演奏完後對小塞德爾茲說道。

「原來是這樣，」小塞德爾茲似乎明白了一些，「那麼，興奮和幸福又是什麼樣的呢？」

於是，妻子又以極快的速度演奏了幾段和弦，又在吉他的二弦（B）和三弦（G）上演奏了一小段樂曲。

「這個和聲就是興奮的感覺，而二弦和三弦上的這幾個音就是幸福。」妻子一邊演奏一邊對小塞德爾茲說道。

這時，小塞德爾茲的眼中充滿興奮的目光：「媽媽，我明白這幾個詞的意思了。」說著，他從母親的手中搶過了吉他並有力地彈奏了幾個和聲，「我現在很興奮。」

從此以後，小塞德爾茲在對詞彙意義的把握上顯得輕鬆起來。他不僅能夠準確地掌握形容詞的意義，還能夠把它們用音樂表現出來。

從輕鬆有趣之中學習知識

小塞德爾茲從小接受的都是自願的學習，如果他不想學習，塞德爾茲絕不強求。事實是，每學一樣知識，小塞德爾茲總會覺得快樂，並主動要求學更多的知識。

但我們生活之中有一些人，他們的童年在忙碌中度過，絲毫也沒有快樂可言。由於父母對他的期望過高，使他喪失了學習任何東西的熱情。爲了使他成材，他的父親給他安排了許多學習內容。這個孩子每天除了吃飯和睡覺之外，幾乎天天都被關在房間中啃那些無趣的書本，他的父親不許他與別的孩子接觸，也很少帶他到外面玩。讀書、學習，幾乎是他唯一能做的事，這位愚蠢的父親以爲這樣便能培養出一個天才，然而他忽略了一件重要的事，就是有興趣的學習才會有良好的效果，這樣的教育方式，不使孩子失去對學習的熱情才怪呢！雖然小塞德爾茲同樣在學許多各種不同的知識，但對這些知識也都是充滿激情和興趣的。塞德爾茲不但不把兒子關在房間中，還時常帶他到大自然中去。

可以這樣說，小塞德爾茲的教育始終是在一種輕鬆愉快的氛圍中完成的，無論是數學、生理學還是物理學，他都在那種近似於玩耍的狀態中逐漸掌握。在一次旅行中，小塞德爾茲就毫不費力地掌握了一個物理學原理。坐在火車車廂裡的小塞德爾茲指著窗外說道：「那些樹木在飛快地向後面跑，爸爸。」

「不，不是樹木在向後跑，而是我們坐的火車向前跑。」塞德爾茲笑著對兒子說。

「不，我認爲我們坐的火車廂沒有動，而是窗外的樹木在動。」

兒子天眞地說：「因爲我在這兒坐了很久了，但並沒有發現火車有什麼變化，反而發現外面的東西都變了。這不是說明窗外的東西在動還能說明什麼？」

「那麼，假如現在你不在火車上而是在窗外的話，你會怎麼想呢？」

「這個嘛……」小塞德爾茲想了想說，「一定是我也會向後跑，就像那些樹木一樣。」

「你能夠跑那麼快嗎？」

「是呀，我能跑那麼快嗎？這可有些奇怪了。」小塞德爾茲充滿疑問地說。

「雖然你不能回答這個問題，但我仍然向你表示祝賀。」

「什麼？祝賀我什麼？」

「你今天發現了一個物理現象，當然應該祝賀啦，」

「我發現了一個物理現象？」兒子不解。

「你剛才發現的，正是一個參照物的問題。」於是，塞德爾茲耐心給他講解：「你之所以說窗外的樹木在向後跑，是因爲你把火車當成了參照物，也就是說相對於火車來說，樹木的確是向後移動了。反過來，如果把樹木當成參照物，火車就是向前跑了。」

「噢，我明白了。怪不得我會認爲火車沒有動呢！這是因爲我把自己當成了參照物，火車帶著我向前行駛，我們一起在運動，當然就不會感到它也在動！」小塞德爾茲說道。

「那麼，把你放在窗外會有什麼效果呢？」塞德爾茲問道。

「嗯，假如我站在窗外的地面上並以我自己作爲參照物的話，火車就是運動的了，」小塞德爾茲回答道：「假如仍然以火車作爲參照物的話，我就是和樹木一樣在向後飛跑了。」

「那麼，你能跑那麼快嗎？」父親又一次問道。

「當然能，因爲這是相對的，火車能跑多快我就會有多快。」

事實上，這樣類似的討論在父子之間發生過許許多多次。也正是這種看似閒談般的討論，使小塞德爾茲在輕鬆和有趣之中學到了那些在書本上顯得極爲晦澀的知識。

天才是從遊戲中產生的

塞德爾茲認爲教育最重要的是，不要胡亂給孩子灌輸術語和公式，而要誘導他們自由地發揮出天才潛在的能力。而對於孩子來說，最佳的誘導方式當然是做遊戲。

孩子在遊戲中能學到多少知識、發揮出什麼樣的能力，是怎麼想像都不過分的。遊戲是所有動物的本能，在遊戲中，孩子的各種潛藏的天才會一一被激發出來。塞德爾茲對兒子的教育都是採取遊戲的方式進行的，針對孩子的各種潛能，他爲兒子設計了五花八門的遊戲，比如繪畫遊戲、音樂遊戲、造型遊戲、語言遊戲、表演遊戲、智力遊戲、創造性遊戲、體育遊戲等等，盡力使兒子的潛能無一遺漏地發揮出來。

有一次，小塞德爾茲獨自一人在院子裡玩耍。他喜歡玩「開火車」的遊戲，就是把一些木塊連成一串，充作車廂，他在前面拉著「車廂」充當火車頭。他做這個遊戲做得很認眞，不光要像火車那樣發出「嗚嗚」和「哐啷哐啷」的聲音，還要負責在到站時報站名，招呼想像中的「旅客」上下車。

這天小塞德爾茲突然想到要增加幾節車廂，使這個「火車頭」能帶領更長的火車，可是帶鉤子的小方木塊都用完了，怎麼辦呢？小塞德爾茲想到了剛剛買回來的磁鐵塊，用繩子拴在最後面，剛好合適。他拴好一塊磁鐵，又拿來另一塊。可是，好像突然著魔般，那塊磁鐵怎麼也不肯乖乖地跟在第一塊的後面。他一把它放到後面，就有一股力量將他的手彈開。小塞德爾茲用盡全身的力氣，但那兩塊磁鐵怎麼也不肯吸在一起。小塞德爾茲呆呆地看著手中的兩塊磁鐵，好一會兒，他忽然大叫起來：「爸爸，爸爸，快來看呀，這兩塊磁鐵裡住著兩個小精靈！它們不願意在一起。它們鬧彆扭了，誰也不理誰，」

塞德爾茲忍住笑說：「傻兒子，這可不是什麼精靈，這是磁力的一個重要原理，磁鐵分為正極和負極，而且『同極相斥，異極相吸』。你手上這兩塊磁鐵都是正極，當然會因為相斥而彈開啦。」

「眞的嗎？」小塞德爾茲懷疑地說。

「不信？你拿那一塊磁鐵過來，對，就是缺了角的那塊。這塊磁鐵是負極的，你再試試看，它們會吸到一起的。」

「眞的！」小塞德爾茲覺得有趣極了，他的問題立即成串地出來了：「正極和負極是什麼東西？磁鐵為什麼要分成正極和負極？為什麼正極和負極就要吸在一起呢？」

塞德爾茲趁機教了他很多地質學上的知識，因為這些知識都是與遊戲緊密結合的，所以小塞德爾茲學習起來毫不費勁。

為了開發兒子的想像力和創造力，塞德爾茲設計了各式各樣的遊戲。他曾經送給兒子一個小玩具，用橡皮筋作動力便可飛上空中。小塞德爾茲非常喜歡，馬上就聯想到它與飛機的相似之處。他照著這個玩具仿製了幾個，都能成功地飛起來。小塞德爾茲正是在這個玩具的啓發下，明白了飛機飛上天的原理，從而開始製作航空模型。

一天，塞德爾茲給兒子帶回了幾塊眼鏡片，有近視鏡片，也有老花鏡片，小塞德爾茲對新奇的事物一向感興趣，他把鏡片架在自己的眼睛上玩，沒過一會兒就大叫眼花，只好把鏡片舉到離眼睛較遠的地方才能看清楚鏡片後的東西，塞德爾茲任他淘氣，不去管他。當他一隻手拿著近視鏡片，一隻手拿著老花鏡片，一前一後地向遠處看時，他看到了什麼呢，遠處教堂的尖塔突然來到了他眼前。

他高興地大叫：「快來看啊，爸爸，禮拜堂的尖塔就在這裡！」從此，他懂得望遠鏡的原理並親手製作了他的第一架望遠鏡。

就是這樣，透過不斷地遊戲和動手玩耍，小塞德爾茲的潛在能力得到了最好的開發，當後來人們稱讚他多麼富有天才時，卻不知道，他的天才都是從遊戲裡產生的！

知識是人類最美好的東西

小塞德爾茲從很小的時候就開始喜歡有知識性的東西了，他的這種對知識的熱愛，完全歸功於父親對他的教育。

雖然小塞德爾茲很早就喜歡讀書和學習，但並非一開始就是這樣。他也曾和其他與他年齡相仿的孩子一樣對一切都漠不關心。那時候，無論父母怎樣引導他，也不能把他從那種天生的貪玩拉到熱愛知識的軌道上來。直到有一天，或許是上帝的安排，他真正懂得了知識的重要性。

有一次，小塞德爾茲和一群小夥伴在外面玩耍時，發現了一隻受傷的小貓，牠骨折了。

小塞德爾茲抱著那個可憐的小傢伙飛快地跑回家。

「爸爸，爸爸，快幫幫我。」他一進門就衝著爸爸大喊起來。

「什麼事？怎麼這麼驚慌？」爸爸奇怪地問兒子。

「這隻小貓受傷了，快想想辦法，」小塞德爾茲焦急地說道。

塞德爾茲讓他抱著小貓一起去找自己的一位朋友。他是一位出色的外科大夫，對他來說，接好一隻小貓的腿骨是一件輕而易舉的事。

後來，這隻小貓康復了並成了他們家庭中的一員，小塞德茲從此多了一個小夥伴。

由於這件事，小塞德爾茲迷上了生理學和醫學，並眞正地熱愛上了知識——這一人類最美好的東西。

「爸爸，醫生太偉大了！」有一天，看著康復了的小貓，小塞德爾茲感嘆道：「如果沒有醫生，這隻小貓永遠也不能再走路了。」

「是啊，如果沒有醫生，不僅貓不能得到恢復，我們人類也會有吃不完的苦頭，」塞德爾茲說道。

「爸爸，我也想成爲醫生，這能行嗎？」小塞德爾茲看著爸爸，他的眼神似乎在期待著爸爸的肯定。

「爲什麼不能？只要你努力學習，並掌握必備的醫學知識，你就能成爲一名優秀的醫生。」塞德爾茲笑著對兒子說。

「眞的嗎？」小塞德爾茲的眼睛中流露出興奮的目光。

「當然是眞的，爸爸什麼時候騙過你。」「那麼，你教我吧。」小塞德爾茲說道。

「這個我可做不到，因爲我不是研究醫學的人，不過我可以先教給你一些簡單的有關醫學的知識。」

「醫學的知識？」

「是呀，掌握醫學的知識是成爲一名醫生的第一步。」塞德爾茲把他帶到了書房，並將自己收藏已久的一副骨骼標本拿給他看。

就這樣，五歲的小塞德爾茲對人體發生了興趣，並開始學習生理學。可能是由於興趣所致，不久他便在這一領域的學習上獲得了很大的進步，在七歲時就在行醫開診考核的初試中獲得了合格成績。

這樣一來，小塞德爾茲不僅認識到了醫學知識對於一個想成爲醫生的人的重要性，也認識到了物理學知識，天文學知識，地理學知識以及其他知識的重要性，並在以後的日子裡成了一個熱愛知識並擁有知識的人。

很多人認爲小塞德爾茲的成就來源於天生的才能，其實，所謂天才，就是那種熱愛知識並努力去學習的人。

天才源於後天的培養

許多人只讓自己的孩子學習一門知識，他們認爲學得太多就達不到良好的效果。然而，這種想法是錯誤的。在塞德爾茲看來，各種知識都是有聯繫的，它們之間存在著某種相互影響的關係。僅學一門，只能使孩子的視野局限在狹小的範圍內。

只讓孩子拼命地學一樣東西，是一種片面的教育，那會讓孩子將全部的寶貴童年都集中一處，這樣做的結果當然是能夠在某一領域取得突出的成績，但在其他方面卻猶如白癡。難道，這樣的孩子能夠稱得上「天才」嗎？如果是那樣的話，只能說明這是人們對天才一詞的誤解。

塞德爾茲以「神童」里斯米爾的例子說明這樣一個問題。

報紙上曾報導了「神童」里斯米爾的事蹟。這個只有六歲的孩子在繪畫方面有超人的天賦，能準確地描繪人體，並對人體結構以及光影都有極準確的把握，人們都在沸沸揚揚地談論著這個偉大的天才，幾乎都異口同聲地斷定這個孩子將會是一名藝術

大師，因爲他只對繪畫有很高的天賦，在其他方面卻很平庸，這足以說明他的天賦是先天性的。

這件事引起了塞德爾茲的注意，如果是那樣的話，他的教育思想將會面臨一次打擊，因爲他的教育思想的核心就是後天的培養，如果這個孩子的才能眞是來源於所謂的天賦的話，那麼這將是他教育思想的一個反證。

一天，塞德爾茲以心理學家的身分訪問了這個孩子以及他的父親。孩子的父親對塞德爾茲的到來感到很高興，一再誠懇地要求塞德茲指導他的兒子。

里斯米爾的「畫室」牆壁上掛滿了各種畫作和裝飾品，房間的每一個角落都擺放著各種各樣的石膏模型，一幅巨大的人體解剖圖高掛在最顯眼的一面牆上。有一個身材矮小的男孩在畫架前坐著，他便是里斯米爾。

孩子的父親拿出許多參展證書和獲獎證書說：「這些都是里斯米爾的。」這是兒童美術大賽的參展證明，有區域性的，也有全國性的。

但塞德爾茲卻發現里斯米爾始終坐在那兒一動也不動，面無表情地盯著前面的牆壁。

塞德爾茲奇怪地問這位父親：「里斯米爾在幹什麼？」

這位父親說：「他一定是在思考。」

「思考？爲什麼一定要以這種方式思考？」

「恕我直言，報紙上的那些報導並不完全眞實，他們說我兒子的才能來自於天賦，我可不這樣認爲。正如您所說的那樣，孩子的才能來源於後天的教育，我對此是深信不疑的。所以，我爲了讓兒子成爲一名偉大的畫家，一直對他要求很嚴。你也看見了，他無時不在考慮繪畫的事，可以這樣說，他的那些成績完全來自於努力和勤奮。」

「那麼，除了繪畫以外，里斯米爾還在學習什麼？」

「繪畫幾乎占用了他所有的時間，不可能再學其他的東西。何況，我認爲只有用心一處才能有所成就。既然想成爲畫家，那就應該有所犧牲。」

他這樣一說，塞德爾茲才明白了爲什麼里斯米爾會有那麼一種古怪的表情。其實，他的那種表情完全是白癡的表情。事實上，這個孩子在父親長期的「強行教育」下，已經變成了只會畫畫的機器，幾乎對其他的事一竅不通，他既不會認字也不會書寫，更談不上有其他的愛好。里斯米爾所受到的教育完全是捨本求末。塞德爾茲判定，他不可能成爲一個眞正的藝術家。

果然，幾年後里斯米爾的「天才」便不再發展了，人們也沒有見到他們所期望的這位「天才」有任何的成就，他的才華就這樣過早地夭折了。

紀律會扼殺孩子的天才

有的教育家常說，教育就是爲了形成良好的習慣。這是非常錯誤的說法。塞德爾茲認爲，教育的目的不在於形成習慣，而是要經常防止習慣的固定化，這才是教育最重要的課題。

然而，現行的教育是恰恰相反的，重紀律甚於重素質，把紀律看得高於一切，凡是遵守紀律的孩子，就被看成是好孩子，享受各種優待；一旦孩子違犯了紀律，不管是有心還是無意，一律視爲大敵，非得嚴懲不可，人們常常不自覺地要用紀律去約束孩子，盡力使他們合乎規範。孰不知，一個合乎規範的孩子，可能就是一個完全喪失了創造力和想像力的孩子。

小塞德爾茲的舅舅是個生活刻板嚴謹的人，做事極有規律，無論發生什麼事，作息時間從不改變。但這麼一個講究紀律的人，卻有一個最調皮搗蛋的兒子彼特。

彼特是個精力旺盛的孩子，成天都在不停地玩耍，不知疲倦地摔碎器皿，弄壞東西，惹是生非，他與他的父親是兩個極端，因此一天之中父子之間的戰爭不知要發生多少次。

有一次，彼得把祖母剛送給他的萬花筒拆開了，想看看裡面究竟藏了些什麼，這自然會招致他父親的憤怒。拆東西可算是彼特最大的愛好了，凡是讓他感到有趣的東西，都逃不過被拆的命運，當然他也逃不過挨揍的命運，可是無論父親多少打罵，他的這個毛病始終改不了。

還有一次，彼特竟然把一塊彼特故去的爺爺留下來的金錶給拆開來了，他父親一直十分珍惜這塊錶，總是帶在懷裡，從不離身，不久前他還說錶有點故障，必須拿去修理，哪知還沒來得及修，就被他這個調皮的兒子給翻了出來，現在這錶被大卸八塊，零件散落了一地。小塞德爾茲的舅舅立即暴跳如雷，一耳光將兒子搧得坐在地上，接著他上去就是一陣拳打腳踢。

站在一邊的塞德爾茲實在看不下去了，上前去抓住他的胳膊，高聲說：「請不要打了，你這樣打孩子太過分了。」

他跺著腳說：「你還護著他！你看他把我的錶弄成什麼樣子。」

「彼特是弄壞了錶，但是你認爲一塊錶比自己的兒子更重要嗎？」

這時，彼特抽抽咽咽地說：「我沒弄壞錶……我……我只是拆開看看它哪兒出毛病了……」

塞德爾茲繼續對他說：「不管彼特是修錶還是拆錶，你都不應該打他，你這一打，恐怕又一個『愛迪生』就這樣被你給『槍斃』了。」

他愣了一下，問道：「我不懂你這話是什麼意思。」

「就算孩子拆壞了金錶，他也只是想知道金錶裡到底有什麼，這是一種好奇心，這是有求知欲和想像力的表現，也是一種創造。如果你是一個明智的父親，就不應該打孩子，而應該解放孩子的雙手，要給孩子提供從小就能夠動手的機會。」

那天彼特抽抽咽咽地哭了很久。他一個人坐在門前的臺階上，已經不哭了，可是眼睛裡卻充滿了九歲的孩子不該有的憂鬱神情。

塞德爾茲走過去問道：「你還在生父親的氣嗎？」

他鼓起勇氣說：「沒有，我只是不想再和他住在一起。我恨他！」

第二天，彼特突然失蹤了，原來他是跟著一個馬戲團跑了。當家人找到他的時候，他堅決不肯跟回家，而且態度十分堅定。他說自己在家裡總是不愉快，而跟馬戲團在一起，卻感到非常的自由，非常的快樂，他喜歡馬戲團裡這種自由自在的生活。

直到他母親哭得昏死過去，彼特才很不情願地回家了，這件事對他父親的震撼非常大，他開始認眞地對待兒子的天性，不再強求他非要與自己一樣，這樣一來，他發現自己和兒子都變得輕鬆愉快了。

這是一個極端的事例，但它同時也非常具有典型性。當孩子顯露出某方面的天才時，我們的教育不但不加以引導和啓發，反而是用紀律的條框去規範它，使它符合我們的習慣。這眞是教育的悲哀！

對於教育者最重要的是這樣的認識：用煩瑣而不必要的紀律使兒童的習慣固定化，把孩子造就成一具具只會聽話卻不懂思考的機器，這是在教育中應該予以堅決禁止的，這才是教育應遵循的最高境界。

優異的品質是怎樣形成的

塞德爾茲的朋友哈塞先生認爲一個人的才能、智力以及品質都是與生俱來的。而塞德爾茲卻恰恰相反，他認爲一個人的才能和品質大多是來自於這個人所受的教育。

哈塞先生教育自己的兒子應該成爲一個誠實、守本分的人，應該以一顆愛心去對待別人。無論做什麼事都要小心謹愼，不能冒沒有意義的風險。

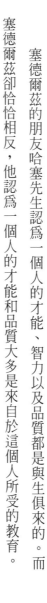

但塞德爾茲說：「誠實、守本分固然好，但我認爲更重要的是培養孩子的個性和智慧。孩子從生下來起，就開始受環境和周圍人的影響。所謂近朱者赤，近墨者黑，孩子的一切包括品質都是從別人那兒學來的。他接觸優秀品質的人就會變得優秀，接觸低劣的品質就會變得低劣。」

哈塞先生的教育一定會使他的兒子哈塞具有一顆愛心，但在某些時候他卻拒絕幫助自己的同伴，這就是因爲他的內心之中又缺少了另一個可貴的品質，那就是無私的精神。歸根結柢，他缺乏的是一種優秀的個性。他是一個規矩和本分的人，就像他的父親一樣，可是這類人在我們周圍到處都是。而小哈塞的這種品質，完全來自於他父親的教育，因爲一個人的品質如何，取決於幼年時期的教育如何。

一次，塞德爾茲目睹了哈塞先生教育兒子的一件事：

那天，我從外面回來，路過哈塞先生的家門口。我看見他正在訓斥他的兒子。

「你是怎麼搞的，把這雙剛給你買的新鞋弄壞了。」老遠我就聽見了哈塞先生的說話聲。

「我在與其他的孩子玩的時候……被一顆釘子劃了一下……」哈塞小心翼翼地回答道。

「被釘子劃了一下！」哈塞先生生氣地說，「跟你說過不要去和那些孩子瞎鬧，你就是不聽。把鞋子弄壞了小事，弄傷了腳怎麼辦？那會使你變成殘廢的。」

這時，我看見小哈塞難過得都要哭出來了，便走上前去。「哈塞先生，」我笑著向他打招呼，「這是怎麼回事？你瞧，我們的小哈塞多不高興呀！」

「他還不高興？」哈塞先生指了指手中的鞋子，「這個調皮的傢伙把剛買的新鞋弄成了這個樣子。」

「是嗎？」我做出不在意的樣子，「我看這沒什麼問題。一條小小的傷痕卻不影響這雙鞋的作用和美觀，孩子嘛，給他講清道理就行了，何必那麼過於嚴厲，」我笑著說道。

「不嚴厲不行，否則他會變得無法無天起來，」哈塞先生說。

這雖然是一件小事，卻使我對小哈塞及他所得到的教育有了一個較為具體的認識。小哈塞之所以有膽小、自私的表現，都可以歸之於他父親的態度。

哈塞先生對兒子的做法看似合理，但卻極爲不明智。首先，在孩子把鞋弄壞之後，他不應該罵他，而應該用合理的態度教育他以後小心一些，因爲孩子弄壞了自己的鞋子，心裡一定是很難過的，再加上父親的責罵，他就更難過，這很容易使他陷入自責和不安之中。另外，父親說釘子會劃傷他的腳，會使他成爲殘廢，誇大了這件事的危害，使他產生害怕的心理，這就是導致他膽小的原因之一。更重要的是，哈塞先生說小哈塞與別的孩子一起玩是瞎鬧，這就會使他把這件事的不良結果完全都怪罪到別的孩子身上，他會認爲如果不和他們玩就不會有這樣的事了，這直接導致了自私這種不良品質的出現。那麼下一次呢，他肯定會先考慮自己或自己的利益，然後才去想幫助別人。

所以說，父母的教育對孩子品質的形成影響是極大的，人們總是責怪自己的孩子，說他們不聽話，缺點太多，甚至說他們糟糕透了，但就是不明白這樣一個道理：低俗的教育只能培養出低俗的品質。

後悔的人是俗物

天才是這樣的人：敢做敢當，不怕失敗。錯誤對天才來說只是一個過程，他要做的是把將來的事做得正確和完美。

有一次，小塞德爾茲做完功課之後，和小哈塞來到了安迪斯大街。由於安迪斯大街聚集了很多藝人，所以是孩子們都喜歡去的地方。那兒不僅有許多不同風格特色的表演，也有許多令兒童感興趣的東西。在兒子小的時候，每逢節日塞德爾茲都會帶他去那兒，給他買一些具有異國風味的紀念品和民間特色的手工玩具。

小塞德爾茲和小哈塞走在因人群擁擠而顯得更狹窄的安迪斯大街上，被各種好看的玩意所吸引。他們東走西看，還不時地各自講述自己的計劃。就這樣，他們在不知不覺中逛了很長時間。正當他們陶醉在幸福的夢想之中時，一個比他們大得多的孩子突然出現在他們面前，並一把抓住小哈塞。

「你們剛才爲什麼欺負我的小兄弟？」大孩子指了指他身旁的一個孩子。

「什麼！我們根本不認識他，怎麼會欺負他呢？你們是不是認錯人了！」小哈塞對那個大孩子說。

「你可別亂說。我們什麼時候欺負你了？」小塞德爾茲也喊了起來。

「你們還敢否認，就在剛才，你們撞了我一下。」小孩子不服氣地說。

「原來是這樣，」這時，小塞德爾茲突然想起，就在不久之前，可能是他與小哈塞玩得太高興，在蹦蹦跳跳之際，的確不小心碰了一下那個孩子。沒想到這種在生活中時常發生的小事會引起了這樣不愉快的衝突。

「哦，我想起來了。我們剛才不小心碰到了你，但我們不是有意的，對不起。」

小塞德爾茲立刻向那孩子道歉。

「你們要拿出你們身上所有的錢給我的小兄弟。」大孩子惡狠狠地說。

「爲什麼？我們只是不小心碰了他一下，用得著這樣嗎？」

「當然，如果你們不願意，有你們好受的。」

這時，小哈塞被大孩子的模樣唬住了，他害怕地對小塞德爾茲說：「我看……還是……給他們錢吧！」

「不，這是絕對不可以的。」小塞德爾茲堅持地否決了小哈塞的提議。

大孩子一聽小塞德爾茲這樣說，立刻用力推了他一把，接著，他們就開始動手拉扯起來。到了後來，他們漸漸從拉扯發展到了打架。小哈塞顯得很膽怯，但還是進行了自衛，最後，小塞德爾茲扔過去一隻銅壺，砸到大孩子。

回來後，小塞德爾茲對父親講述了這個遭遇。

「其實，在那種情況下，一味地忍讓是沒有用的，那是一種懦弱的表現。」塞德爾茲說：「你可以反抗和自衛，但用那麼堅硬的東西打那個孩子，很容易使他受傷，這不太好。」

「是的，我就是因此而懊悔。爲了一點小事就把他傷成那樣，眞是不應該。」小塞德爾茲垂頭喪氣地說。

「兒子。你不要這樣想，雖然你出手太重，但也不能怪你，在那種情況下，沒有選擇的機會，何況，是那孩子自己不講理，是他引起的爭端。」塞德爾茲耐心勸道。

「唉，我眞後悔。」兒子嘆了一口氣。

「不，兒子，你不應該後悔，事情已經發生了，就只能自己去面對它。」塞德爾茲爲了讓兒子從懊悔的情緒中掙脫出來便這樣對他說：「敢於承擔自己行爲後果的人是堅持的人，而只會後悔的人是沒有骨氣的俗物。」

從這一件事之中，兒子對一些事物有了更深的認識，他不但懂得了以後做事要謹愼，而且還懂得了爲自己的行爲負責的道理。

培養孩子的探索精神

許多父母都討厭孩子問問題，這是大錯特錯的。這種愚蠢的做法雖然能換來片刻的寧靜，但卻在不知不覺中壓抑了孩子的好奇心以及求知欲，更爲嚴重的是抹煞了孩子最可貴的求知精神。塞德爾茲總是認眞而耐心地回答兒子提出的問題，絕不會像很多父母那樣嫌麻煩，應付了事。

一天，塞德爾茲正在與哈塞先生就孩子愛提問題這個話題進行討論，哈塞先生說：「小孩子有時眞的很煩，他那張嘴整天都沒有停過，嘰嘰喳喳不停地問這問那，我的頭都快要被他吵炸了。」

就在此時，小塞德爾茲走了過來。他手裡拿了一本達爾文的進化論的兒童讀本，書中用生動的筆調描述了生物進化的過程，並且配有極爲有趣的插圖。

「爸爸，進化論中說人是由猴子變來的，這是對的嗎？」兒子問道。

「我不知道是否完全對，但達爾文的理論是有道理的。」

「可是既然人是由猴子變，那麼爲什麼現在人是人，猴子仍是猴子？」兒子問。

「你沒有看見書是這樣寫的嗎？猴子之中的一群進化成了人類，而另一群卻沒有得到進化，所以它們仍然是猴子。」塞德爾茲說道。

「這恐怕有問題，」兒子懷疑地說。

「什麼問題？」

「既然是進化論，那麼猴子們都應該進化，而不光是只有一群進化。」

「爲什麼這樣說？」

「我覺得另一群猴子也應該得到進化，變成一群能夠上樹的人。」

這時，哈塞先生的臉上流露出極不以爲然的神色，他的眼光似乎是在說：「看你有多大的耐心。」

「那是不可能的，因爲事實上是猴子當中的一部分沒有得到進化……」塞德爾茲說。「爲什麼？」兒子仍然不放過這個問題。

於是，塞德爾茲只能盡自己所知向他講明其中的原因：「據我所知，一群猴子由於某種原因不得不在地面上生存，它們的攀緣能力逐漸退化、而又學會了直立行走，經過漫長的進化變成了人類；另一群猴子仍然生活在樹上，所以沒有得到進化。」

「我明白了。可是爲什麼要進化呢？如果人能夠像猴子那樣靈活不是更好嗎？」

兒子又開始了另一個問題。

「雖然在身體和四肢上猴子比人靈活，但人的大腦比猴子的靈活。」塞德爾茲說道。

「大腦靈活有什麼用呢？又不能像猴子那樣可以從一棵樹跳到另一棵樹上。」兒子說道。

「身體靈活固然好，但只有身體上的優勢是遠遠不夠的，大腦的靈活才是最重要的，因爲只有這樣才能創造出文明。」

「爲什麼要創造文明？」兒子問道。

「因爲文明代表著人類的進步。」塞德爾茲說道。

就這樣，兒子的問題一個又一個地如潮水般湧來，他的很多問題在成年人看來非常可笑而毫無根據，但即使這樣，塞德爾茲也盡力不讓他失望。

「塞德爾茲博士，我眞佩服你的耐心。」哈塞先生說道。

塞德爾茲說：「其實也並非我的耐心比其他人好，只不過我認識到認眞回答孩子問題的重要性，因爲只有這樣才能夠培養起他的探索精神，而不是將這寶貴的品質抹煞掉。」

用信心去消滅恐懼

過分的保護會有什麼樣的結果呢？塞德爾茲認爲，除了傷害孩子的自信心外沒有任何的好處。爲了讓兒子的身體得到良好的鍛鍊，也爲了讓他多一種娛樂活動，塞德爾茲在院子裡特意安放了一個鞦韆。雖然盪鞦韆是大多數孩子喜愛的一項運動，但把它安放好之後才發現小塞德爾茲很害怕。

當塞德爾茲第一次將他抱上鞦韆的踏板上時，小塞德爾茲嚇得哭了起來。

「不，不。」小塞德爾茲站在踏板上緊緊地抓住繩子，他的動作狼狽極了，不停地哀求爸爸把他放下來。

「這沒有什麼，很多孩子都會玩，你不用害怕，」塞德爾茲一邊說一邊將他穩穩地扶住。

「爸爸，我不想玩這個，我會摔下去的，」小塞德爾茲哭著說道。

「你不會掉下來的。只要抓住繩子，這是很安全的。」

「不，我害怕。」兒子仍然堅持。

見到他那副害怕的樣子，塞德爾茲知道再勸說也沒有用，便把他抱了下來。

「這樣吧，爸爸先給你作個示範。等你見到爸爸玩得很高興的時候，你一定會改變主意。」說完塞德爾茲就上了鞦韆開始搖盪起來。

「爸爸，你眞勇敢！」見爸爸在鞦韆上盪得很高很高，小塞德爾茲高聲歡呼起來。

「那麼，你也來試試好嗎？」他問兒子。

「好吧，可是我不要盪得那麼高。」兒子終於同意試一下。

這一次，兒子仍然很害怕，但他畢竟有了一個開始。他站在鞦韆的踏板上扭來扭去，樣子難看極了。不僅如此，他幾乎沒有把鞦韆盪起來。這時，女傭萊依小姐走了過來。她見到小塞德爾茲的模樣頓時大笑起來：「威廉，你是在盪鞦韆嗎？怎麼一點也不像呀？」

「不，萊依小姐，你不應該這樣說，威廉做得很好。」聽見依萊小姐那樣說，塞德爾茲擔心會由此而打擊小塞德爾茲的自信心，連忙出聲制止了她。

萊依小姐是個很機靈的人，她立刻明白了塞德爾茲的意思，連忙說道：「哦，我忘了，在我第一次盪鞦韆時還不如威廉呢。」

「是嗎？」兒子聽見萊依小姐這樣說，便立刻用力在鞦韆上搖盪了幾下。

「是這樣的。據我所知，每個人第一次盪鞦韆時都害怕得要命，爸爸也是這樣的，」塞德爾茲趁機鼓勵小塞德爾茲，「我第一次上鞦韆的踏板上時比你還要害怕，站在那裡根本不敢晃動。你比我好多了，我相信用不了幾天你就會盪得很高很高。」

「眞的?!」小塞德爾茲聽見爸爸和萊依小姐都這樣說，恐懼感頓時消失得無影無蹤。

第二天，塞德爾茲下班後回家，還沒有走近住處便聽到了花園中傳來的歡笑聲。小塞德爾茲和萊依小姐正在高興地盪著鞦韆。

這件事足以證明，孩子的恐懼心理在很大的程度上來源於沒有自信心。只要建立起自信心和良好的自我感覺，那可惡的恐懼心理自然會消失掉。

假如在小塞德爾茲第一次上鞦韆時表現出恐懼的時候，爸爸沒有鼓勵他而是打擊他，說他太笨或太膽小，那麼結果是可想而知的。

不要把孩子變成懦夫

如果說得不到鼓勵的孩子如同久旱的秧苗，那麼那些不但得不到鼓勵反而時常受到打擊的孩子只會變成渴死的枯草。塞德爾茲認爲：「打擊只能使孩子變成一個懦夫，變成一個無能的人。當然，放縱孩子也不是一個明智的做法，但起碼能讓孩子自由自在。打擊卻不一樣，它能毀掉孩子。」

但哈塞先生對此並不以爲然，他說：「打擊孩子並非完全是一件壞事，或許還會對他們有所幫助呢？有些孩子似乎天生就有一股野氣，如果不給他們一點小小的打擊，恐怕會翻上天去。」

爲了向哈塞先生說明打擊孩子的危害性有多麼嚴重，塞德爾茲向哈塞先生講述了一件令人痛心的事：

我的同事，心理學教授羅塞爾先生曾經做過一件極爲愚蠢的事。他有三個孩子，這位從事心理學研究的學者，居然採取了荒唐的教育方法使自己的兒子遭受了人生最

大的不幸。吉姆是羅塞爾教授的大兒子，從他剛剛出生之時起，就一直表現出超出常人的才華。

吉姆三歲時已經會閱讀和書寫了，這一點他和小塞德爾茲幾乎一模一樣。如果他能夠得到正確的指導和合理的教育，他的成就絕不會亞於小塞德爾茲。

然而，這個孩子的不幸正是由他的才華引起的，吉姆不但有才華，也是一個開朗的孩子，喜歡把自己的快樂與他人分享。這本來是一件很好的事，但是他的這種快樂性格卻引起了父親的不滿。因爲吉姆的父親羅塞爾先生性格內向、不喜歡與人打交道，也不愛在別人面前表現自己，正如他自己所說，一個人應該謙虛、應該穩重，不要總是那麼自以爲是。

「吉姆，你又在嚷嚷什麼?」當一天吉姆正在高聲歡笑時，羅塞爾先生問道。

「爸爸，我又讀完了一本書。」吉姆高興地對父親說。

「讀完一本書是很平常的事，何況任何一本書都是有趣的；你用不著那麼高興。」羅塞爾先生說道。

「可是，這本書的確太令我愉快了。還有，我居然能把這麼難懂的書讀完，眞是感到興奮。」吉姆說道，似乎正在等待著父親對他的肯定。

或許是由於吉姆的性格與他不同，或許是他認爲受到了兒子的干擾，羅塞爾先生突然發怒起來：「你吵吵嚷嚷的幹什麼？你以爲只有你才有這個本事嗎？我看你就是個驕傲自大的孩子。你是在等待著我的表揚嗎？告訴你，我永遠不會表揚你。」

「爸爸，我做錯了什麼？」受到責罵的吉姆委屈地說道。

「當然，你沒做錯什麼。但我警告你，不要成天嘰嘰喳喳的，這讓人煩透了，」羅塞爾先生繼續訓斥兒子，「你不要以爲自己是個了不起的天才，我告訴你，你什麼都不是。我以後再也不想聽到你的那種讚揚自己的聲音了，你是個笨蛋，你是在自欺欺人。」羅塞爾先生說完「砰」地一聲關上了房門。

站在門外的吉姆傷心地哭了起來，他不明白父親爲什麼這樣。他本想和父親一起分享自己的快樂，還想向父親請教一些他不明白的東西。可是現在，他突然發現父親並不喜歡他這樣。

突然之間，他的那種良好的心態消失得無影無蹤。一種極壞的感覺湧上了心頭，他的快樂和自信被另外一種東西所取代：我是個很糟糕的孩子。從那以後，再也沒有看到吉姆臉上的笑容，他完全變成了另外一個人，這個原本極有才華的孩子最終一事無成。

聽完塞德爾茲的講述，哈塞先生默默無語地沉思了良久，他心裡徹底信服了：一個心理受到打擊的孩子必然會變成一個毫無作爲的懦夫。

幫助孩子走出失意的陰影

每一個孩子在漸漸長大的過程中，都會出現或多或少的問題，他們不僅是在身體方面慢慢長大，心理上也在一天天地變化。

遺憾的是，父母們將全部的精力放在孩子的身體上，而忽略了孩子成長的另一個重要的方面——心理的成長。

當一個孩子告訴他的父母「我感到難受」、「我很失望」時，粗心的父母往往會一笑了之。

他們會說：「小孩子嘛，能有什麼失意的感受呢？」「別淘氣了，你沒有什麼可失望的。」

然而，既然成年人有失意，那麼，孩子也有。因爲無論年齡大小，我們都是人；只要是人，就會有不同的感受。

我們成年人在失意的時候需要別人的幫助，難道我們的孩子就不需要嗎？

當然需要！

小塞德爾茲不到七歲就完成了小學教育，這當然是值得驕傲的事。然而，他在學校的經歷並非人們想像的那樣盡善盡美，這其中也存在著許多不盡人意的地方。

在一次由學校舉辦的體育比賽中，小塞德爾茲倒數第一名。那一次的比賽，是同年級中的比賽，也就是說一年級的孩子們就僅限於一年級，比賽在不同的班之間進行，二、三，四、五年級也是相同的比賽辦法。這樣一來，小塞德爾茲首先就在年齡上吃了虧。小塞德爾茲報名參加了五十公尺短跑，他當然不是別人的對手。事後，小塞德爾茲難過極了。他把這件事看得很重很重。

大約過了一個星期，小塞德爾茲仍然悶悶不樂，見他這樣，塞德茲認爲有必要幫助他擺脫那種失意情緒。

「兒子，你還在爲那件事難過嗎？」塞德爾茲問他。

「我眞是太笨了，竟然得了倒數第一名，太丟臉了。」兒子難過地說。

「是啊！得最後一名是不怎麼光彩，可是你想到過其中的原因沒有？」塞德爾茲問。

「是什麼原因呢？」

「因爲年齡。你想想看，你的對手都是比你大的孩子，這個很正常……」

「可是我不能因爲年齡小就比他們差呀。」兒子不服氣他說，「雖然我比他們小，可我的功課比他們都好，只有體育一樣不行，這多丟臉呀。」

「不，你這樣說並不正確。智力是能通過教育和勤奮得到發展的，但年齡卻是任何人也不能改變的。他們跑得比你快完全是因爲他們年齡大，個子高。他們的腿都比你的長許多，如果跑得還沒有你快，那不是太糟糕了嗎？」塞德爾茲說。

「這也有道理，可是我畢竟是最後一名。同學們都在嘲笑我。」他還是很難過。

塞德爾茲知道兒子的性格，他是一個對自己要求極其嚴格而從不服輸的人。正因爲如此，他固執得往往去鑽牛角尖。於是塞德爾茲進一步對他進行開導：「雖然你現在是最後一名，我想這並不能表明你的體育不行，因爲這完全是年齡造成的。我敢肯定，等你長到十一、二歲時一定會比那些孩子跑得快。」

「眞的嗎？」兒子問。

「當然是眞的。因爲那天我問過你們的體育老師。他說你的失敗完全是因爲那場比賽對你不公平，他還說你的體育成績在同齡的孩子中是最好的，他還專門給我看了成績單，年齡與你相仿的同學無論在哪一方面都比你差。」小塞德爾茲似乎在眨眼間得到了一個眞理，頓時從失意之中走了出來。

向快樂的蝴蝶學習

塞德爾茲認爲一個人是否幸福往往取決於這個人有什麼樣的性格。所以，在兒子的成長過程中，塞德爾茲把培養他良好的性格始終放在極其重要的位置。

有一天，小塞德爾茲又一次拿起那隻捉蝴蝶的網來到了田野。

各種顏色艷麗的蝴蝶在陽光下飛舞，它們歡樂的模樣眞是美極了。那些蝴蝶身上的顏色在陽光的照耀下顯得更加奪目。

他舉起網子向一隻蝴蝶揮了過去，一下子就將它網住了。若在平時，蝴蝶會在網子裡飛跳不停，想要掙脫出去。可是這一次，那隻蝴蝶卻一動不動地停在那兒，他小心翼翼地翻開網子，想看看是怎麼回事，又害怕它突然逃掉。

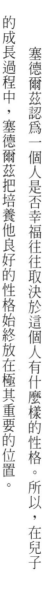

可是，當他把蝴蝶的翅膀捏在手上的時候，發現它已經死了。或許是他剛剛捕捉的時候在無意中用杆子將它打死了。

其實，這是小孩子們捉蝴蝶的時候時常發生的事，對於那些淘氣鬼來說，這根本不值得放在心上，他們會扔掉死蝴蝶開始重新去捕捉另一隻。

不知是什麼原因，在看到死蝴蝶的那一瞬間，小塞德爾茲突然難過起來。他認爲自己無緣無故地殺死了那隻蝴蝶是一件有罪的事。突然之間，晴朗的天空和燦爛的陽光一下子就在他的心中消失得無影無蹤，在他的心裡只剩下了黑暗，一陣沉重的憂傷將他完全籠罩。

在以後的好幾天裡，他一直被這種犯罪感所折磨，認爲自己殘酷地殺死了一個小生命。

「爸爸，你說我是一個壞孩子嗎？」他將心裡的感受講給爸爸聽：「我害死了一個生命，我是個罪人，一定會受到上帝的懲罰。」

「不，兒子，你不應該這樣想，」塞德爾茲決定安慰一下悲傷的兒子，「雖然那隻蝴蝶是因你而死的，但這也不全怪你，因爲你不是有心的。」

「雖然不是有心的，但終歸是我弄死了它。」小塞德爾茲傷心地說道。

「可是，那隻蝴蝶已經死了，又有什麼辦法呢？難道你能用自己的難過讓它復活嗎？」爲了使兒子從自責之中掙脫出來，他盡力給兒子講一些他能夠明白的道理。

「但那隻蝴蝶是我親手殺死的，我是有罪的。」小塞德爾茲說道。

「只要你以後不像壞孩子那樣殘酷地對待小動物，並關心和保護它們，我想上帝會寬恕你的。」塞德爾茲回答道。

「眞的？」兒子興奮地叫了起來。第二天，他們一起到田野中散步。這一天天氣好極了。天空像寶石那樣藍，幾隻美麗的蝴蝶在陽光之中歡樂地飛舞著。

一見到那些蝴蝶，小塞德爾茲的臉一下子又陰沉了起來，似乎在他心中又浮現出了那件不愉快的事。

「兒子，你怎麼啦？」

「我……我又想起了那隻蝴蝶。」

「不要再想它了。」塞德爾茲摸了摸兒子的頭，「生活中有很多不愉快的事，很多事情都是我們不願遇到的。但過去的就讓它過去吧，我們應該多想一想現在和明天，你看那些蝴蝶是多麼的快樂呀！」

「是啊，它們無憂無慮，眞讓人羨慕。」兒子感嘆道。

「你應該向這些快樂的蝴蝶學習，不要總是把什麼事都往壞處想，你應生活在明媚的陽光之中。」塞德爾茲告訴兒子。

第三篇

斯托夫人的自然教育

一個讓母親驕傲的女兒

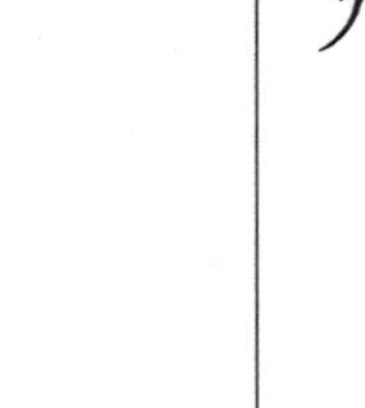

在每個孩子的成長階段，母親的作用都極其重要，實際上，每位母親都可以說是一位教育家。

斯托夫人親身指導女兒的成長，她的教育方法和卡爾．威特的教育經驗一樣在美國有極大的影響。爲此，我們把斯托夫人的教育方式進行一個總結，以便做母親的參考。

斯托夫人曾就讀於拉德克利夫女子大學，畢業後在賓夕法尼亞州匹茲堡大學講授語言學。她是受到威特父親那本《卡爾．威特的教育》的影響，並通過對自己的孩子教育而取得顯著效果的又一人。

斯托夫人只有一個十四歲的女兒，名字叫維尼雷特，小維尼雷特三歲就已經能寫詩歌和散文，四歲就用世界語寫了一個劇本。到五歲的時候，她的作品就開始在各種報刊上刊出，有的還編輯成書發行，並且銷售良好。

一九一四年，也就是在女兒十二歲的時候，斯托夫人出版了《M·S·斯托的自然教育法》一書，她在其中就自己的教育方法進行了詳細的闡述，該書中各章的內容大致如下列所述：

從五官開始

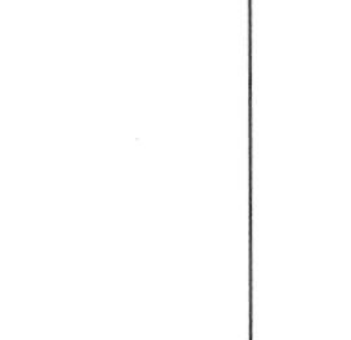

斯托夫人在該書中這樣描述她對孩子的早期教育：

我從訓練五官開始對女兒的教育，首先使她學會使用耳、目、口、鼻、皮膚，因爲這些能力只能在使用中發展起來。所以，必須盡早有目的的對小孩的五官進行訓練。首先應該發掘耳朵的聽力。因爲對嬰幼兒來說，最重要的是聽到母親輕柔悅耳的歌聲，可我感到爲難的是自己不會歌唱，因此就對孩子朗讀詩歌，我朗誦的是《艾麗依斯》，這是威吉爾的詩，結果發現效果很好。在我輕輕地朗讀時，小維尼雷特很快安靜下來，聽著聽著就睡著了。這個方法我後來在別的孩子身上試驗過多次，效果都很好。有時候搖籃曲並不能夠催嬰兒入睡，可是《艾麗依斯》卻屢試不爽。因此，在我看來這部出色的敘事詩同時也是一首了不起的搖籃曲。

還在維尼雷特才六周時，斯托夫人就試著爲她朗讀英文詩歌。她發現隨著語調的變化，孩子也相應的有所反應。當她朗讀麥考利的詩篇《霍勒斯在橋上》，孩子往往會興奮。當朗讀但尼森的《他逝去了》時，孩子顯得很安靜。斯托夫人就這樣進行教育，一年之後，她的女兒就能夠背誦《他逝去了》和《艾麗依斯》第一卷的前十行。這裡沒有任何強制，而是孩子無形中學會的。維尼雷特看來十分喜歡《他逝去了》，每天晚上都要默默地背誦幾遍。斯托夫人還天天給女兒放音樂名曲。為了使女兒能夠分別不同的聲音，她買了七個小鐘，它們可以發出樂譜的七個音，分別在鐘上拴上紅、橙、黃、綠、青、藍、紫七種顏色的髮帶。

天天都敲鐘給她聽。就這樣在女兒沒滿半歲的時候，就能依照大人說的名稱準確地敲不同的鐘了。這個方法同時培養了孩子的聲音和顏色觀念。斯托夫人還常常用三稜鏡在牆壁上映出鮮艷的虹光，她的女兒非常喜歡看，只要一看見牆上的虹，就會停止哭泣。

她還在孩子房間裡排放一些雕刻品，在牆上掛滿各種畫片，不僅有名畫的摹本，而且有許多美麗的花草和鳥獸；她一有機會就指著這些畫片和雕塑念它們的名稱，開始孩子被美麗的顏色所吸引，不久就能夠懂得它們的意思。斯托夫人還時常指著屋裡的桌子、椅子等物品，高聲念出它們的名稱讓她聽。此外，還在維尼雷特不懂事的時候，她就給女兒各種圖畫書，並為她講其中的故事。她會安安靜靜地聽，這表明母親的聲音和畫的顏色對懵懂無知的孩子是非常有吸引力的。

如果母親善長繪畫的話，她的孩子就更加幸福了。斯托夫人就是這樣，她常一邊同女兒談話，一邊把內容畫成畫，這樣更能夠增強對孩子的影響。雖然美國的刊物上有很多漫畫，但內容多不健康，會對孩子產生不良影響，她認爲最好不要讓小孩看。

斯托夫人爲了開發孩子的色彩感，給女兒買來了一個特別的玩具，就是用來檢查色盲的「測驗色系」，它可以玩多種遊戲。她特別希望那些男孩的母親能夠購買這種玩具，因爲男孩觸覺和色相比女孩遲鈍，要是不從小就有意識開發的話，他們的色感會處於非常遲鈍的狀態。

維尼雷特還有各種各樣的小球和木片，這些玩具五顏六色，很適宜孩子玩耍，她的布娃娃都穿著色彩鮮艷的服裝。斯托夫人就是利用這些玩具盡力發展她的女兒的色彩感覺。

蠟筆也是不可缺少的工具。維尼雷特經常和女兒做一種「顏色競賽」遊戲。遊戲一般是這樣進行的：她先在一張大紙上用紅色蠟筆畫一條三厘米左右的線，然後讓女兒用蠟筆平行畫出一條同樣的紅色線，接著她用蠟筆在自己的紅色線之後接上一條青色線，再讓女兒模仿自己用青色蠟筆畫出一條線，遊戲就這樣進行下去。要是女兒沒有用和自己線條相同的蠟筆，女兒就輸了，遊戲就中止。

爲了發展她的色彩感覺，斯托夫人在女兒能夠走路的時候就帶著她出去散步，而且盡量使她注意周圍事物的顏色，比如海水、樹林、天空、原野的不同色彩，房屋和行人衣著的顏色。

爲了加強訓練效果，她還常和女兒玩一種叫做「留意看」的遊戲。當她們走過商店這樣的門口之後，斯托夫人往往會問她的女兒商店的櫥窗裡面擺放了什麼東西，讓女兒把她記得起來的物品說出來，說得越多越好；如果女兒記得太少可不行，母親就會不高興。這樣的訓練對開發女兒的記憶能力極有效果。有一次，她五歲的女兒使紐約肖特卡大學教授們大吃一驚，因爲在他們只朗讀了一遍之後，她就一字不差地把那首有名的軍歌《共和國戰歌》背誦了出來。

斯托夫人之所以這樣做，爲的是培養女兒集中注意力、觀察事物的習慣。有一次，斯托夫人帶著兩歲的女兒進入一家賣雕刻仿製品的商店，女兒居然對店員抱怨道：「這裡怎麼沒有《維納斯・德・麥德依齊》，也沒有《維納斯・德・米羅》呀！」店員們大爲驚奇，這麼小的孩子竟然清楚的知道兩幅名畫的名稱。

女兒出生六周，爸爸買來了一些紅色的氣球，她們把氣球綁在她的手腕上面，這樣，氣球就會隨著手的擺動上下飄舞，別提孩子有多高興了。之後，她們每星期換上另一種顏色的氣球。

這樣的一種遊戲，能夠使孩子得到諸如紅的、綠的、圓的、輕的這些概念。

爲了使女兒形成粗糙、光滑的不同印象。斯托夫人還把貼有砂紙的木片和其他粗糙的東西給女兒玩；同時，還教嬰兒不要把經常拿在手裡的物品放到口裡去。只要從小加以引導，就能夠克服這種不良習慣。在這方面，有一件事情說起來非常有趣：在女兒兩歲的時候，有一次她跟著母親去串門，主人的小女孩給她了一個很漂亮的果子，對她說這是她自己製作的，維尼雷特聽了，就轉身問媽媽：「**這個是不是可以放到嘴裡呢？**」她這話，把屋裡的人弄得莫名其妙。

斯托夫人對女兒進行訓練，沒有任何勉強的成分。因爲她知道孩子的天性，父母的目的是要使孩子的潛能得以發揮。她進行各種引導，就是爲了不使女兒的某種潛在素質被埋沒。與此同時，孩子在這樣的教育之中，總是會有事情可做，不會因爲閒得無事犯那些常見的毛病，比如咬手指頭、哭叫。

用老卡爾的方式

剛出生的嬰兒就已經會注意周圍的響動和人的聲音，由此看來，在嬰幼兒時期就開始教語言是可行的。斯托夫人在她的女兒出生不久就開始和她說話。不過，她用的語言可不是一般母親常用的那種語言。

我們經常看到有一些受過較高教育的人，他們不僅發音不準，而且語法也多有錯誤。這就是幼年不良教育的後果。斯托夫人寫道：

從女兒剛出生起，我就注意對她說話盡量準確，盡力排斥不完整的語言；雖然這樣，我還是覺得俗語很重要，因爲有時候，只有利用俗語才能夠使意思表達得完美。人類的觀念在不斷的發展，用以表達這些新觀念的約定俗成的詞彙也不斷增加，排斥俗語會使人落後於生活。儘管這樣，我無論如何是不會教孩子不完整的語言的。如同巴爾博士所說，教一歲的嬰兒使用拼音並不是很困難的事情，完全沒有必要教嬰兒一些不完整的話。在我的女兒還不滿一歲的時候，有一次，有人對她說「維尼雷特，把

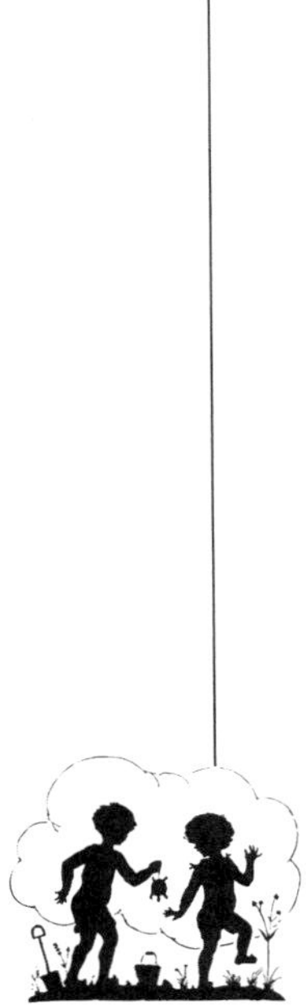

你的汪汪給我看看。」

她馬上糾正說：「不是汪汪，是我的狗。」這使那位朋友大爲吃驚。

斯托夫人的教育是依按照威特父親試驗進行的，在女兒還很小的時候，她就經常抱著她走動，將屋裡的東西指給她看，同時準確地說出它們的名字，這是一張椅子，那是一個書櫃。她就是這樣教育女兒，到她一周歲時就完全會說話了，誰見了都覺得奇怪。孩子的爸爸總是對人說：「這是因爲從女兒一出生，我妻子就開始教她說話，所以她有這樣好的語言能力，並不是件奇怪的事情。」

由於斯托夫人相信嬰兒期語言教育將決定一個人一生的語言能力，所以她在和女兒談話時，非常注意發音、詞句和語法的準確性。孩子的語言教育，重點在於聽和說，而不應採用教文法的辦法。其實文法在語言學習中並非很重要，尤其對於孩子來說更是如此。赫伯特·斯賓塞在十歲以前就沒有受到過文法教育。在女兒八歲之前，斯托夫人也沒有教過她文法。小孩子總是說個沒完，常常一個人把某個新奇的詞彙反覆說著玩。斯托夫人於是盡量利用這個特點，精心挑選一些詞彙把那些孩子喜歡的故事用它們來組成短文，以便女兒記住。這樣她的女兒不僅很快就記住了，而且常常興趣盎然地複述它們。

再後來，斯托夫人又把這些小文章翻譯成外國語，讓女兒熟悉它們，這個目標很快就達到了。按照她的理解，五歲以前這個時期在人的一生中最具有語言才能。

斯托夫人認爲有必要盡早爲女兒打下一門外語基礎，於是要求女兒背誦《艾麗依斯》。不過，在她還沒有準確地掌握英語之前，並不打算教她外語。有一個語言學家認爲，孩子可以同時學習兩三國語言。但是根據她的試驗，這樣做使孩子難以掌握好任何一種語言，並且會給他們帶來苦惱。

當維尼雷特已經熟練掌握了英語後，斯托夫人開始教她西班牙語，仍然是先開始訓練女兒的聽力。爲什麼選西班牙語呢？原因很簡單，因爲在歐洲的語言中這是最容易學的。孩子的語言才能是多麼驚人呀，維尼雷特五歲的時候已經能夠使用八種語言來與人交流了。斯托夫人相信要是她繼續教下去，她的女兒將會掌握十種、甚至二十種語言。不過，斯托夫人這時認爲今後通用的語言將是世界語，學太多的語言沒有意義，所以就停止了對女兒的外語教學。斯托夫人在書中這樣說：

如果我能夠再來培育孩子的話，我將會先教他學習英語，然後是世界語，其他的語言就不再教了。世界語簡單易學，據說托爾斯泰只花了一個小時的時間，就能夠用它寫作了。任何一個孩子在搖籃裡都能夠學會這種語言。維尼雷特四歲不僅能夠熟練地運用世界語讀寫，而且能夠流利的交談。在這一年，她還開始用世界語寫劇本，這個劇本後來在尤利亞・比阿巴娃女士的幫助完成，並且曾經在一個慈善會上演出。這是一個創舉，因爲它是第一部在美國上演的世界語劇。

從五歲起維尼雷特就開始教其他孩子世界語，她的方法當然是從母親那裡學來的各種遊戲。不過，她在教學過程中又自己發明一些新的語言遊戲。一次，維尼雷特在她們家的走廊上給一位大學教授講世界語入門，另一位思想保守的教授不安地對斯托夫人說：「請原諒，夫人，你的做法可不對！小女孩這樣下去，恐怕命不長呀！」

斯托夫人問道：「我女兒的身體不健康嗎？」他說：「不是。可是也不能只看外表，一個小孩這樣用腦怎麼受得了呢。」

孩子的媽媽笑著回答：「你這樣認爲嗎？」過了一會兒，維尼雷特活動去了。

斯托夫人走過去對那位教授說：「我女兒需要吃藥了，您去看看好嗎？」她把教授帶到運動場，看到維尼雷特正和一個比她大得多的男孩打球，當教授看到維尼雷特無論是跑跳，還是投球都不比那個男孩差時，十分驚訝。夫人對他說道：「看吧，這就是我女兒的藥——運動。」

斯托夫人的遊戲訓練

斯托夫人的早期教育觀念來自已故的詹姆斯博士，他經常強調對兒童的智力培養越早越好，而且這種腦力訓練最好是使用遊戲的方法。在自然界，所有動物都作遊戲，可以說是動物的天性。小貓和老貓相互咬架，小狗追逐自己的尾巴，斯托夫人從詹姆斯博士的話中得到了很大的啓發。

詹姆斯博士認爲，小貓逗弄老貓尾巴，能夠鍛鍊牠捕捉老鼠的能力；小狗和老狗相互撕咬，同樣是爲了發展牠捕捉野獸的能力。兒童也一樣，爲了培養他們生存必須的能力，遊戲是絕不可少的。而且這種遊戲應該以適合發展他們的生存能力爲目的。所以，父母有必要對孩子們的遊戲活動加以指導。不論家畜還是野生動物都跟其子女一起遊戲，爲什麼人不這樣做呢。

由此看來，做父母的應該很高興地跟孩子一起遊戲，以便透過這種活動促進他們的身體、智力的發展。

在斯托夫人的書中，有她與自己女兒遊戲活動的詳細記錄：

我對女兒使用的教育方法就是進行遊戲。第一步，在她滿半歲的時候，我在嬰兒室的四壁貼上厚的白紙，接著在大約一公尺高的地方貼上紅紙剪數字和文字。在另一些地方，按順序貼上簡單的詞彙，如：bat、cat、hat、mat、pat、rat、bog、dog、hog、log（蝙蝠、貓、帽子、席子、拍、耗子、沼澤、狗、肥豬、原木），很明顯這些都是最常用的名詞；另一地方是從一到一百排列的十行數字；在牆壁的某處，我還畫了一幅樂譜圖。我這樣做是因爲嬰兒的聽覺發育比視覺早，所以我想從聽覺入手開始教女兒ABC，我感到遺憾的是自己不善於唱歌，幸好奶媽歌唱得不錯，當我要叫ABC字母時，就請她按我的指點唱給女兒聽。

當然，起初不會有什麼反應，畢竟她是一個六個月的嬰兒嘛。不過這樣持續下去，天天聽、天天看就起作用了。沒用多久，維尼雷特就會說ABC了。

接下來，我做了許多寫有大小不一的ABC的卡片，把它們放在一個拼圖板上，開始教她拼音。具體做法如下：先讓她看畫冊上貓的畫，同時念出cat（貓）這個單詞給她聽，然後指著牆上的cat，反覆發這個音。然後從卡片裡選出所有的c，再選出所有的a和t用它們在拼圖板上拼寫出cat。這一切當然是我和女兒一起玩的遊戲啦，我一邊鼓勵她，一邊配合著她做，而且這樣的遊戲都要反覆練習幾天。

我的這種方法獲得了很好的效果。我女兒還不到一歲半就能夠自己看書了。以後的教育就更順利了，可以說是水到渠成。從此以後，她開始喜歡閱讀書籍。於是，斯托夫人開始幫女兒養成有目的讀書的習慣。因爲在她看來，如果若毫無目的，無論是讀書還是工作，將是一件有害的事情，對身心都會造成損害。爲了寫《和仙女作耶誕節旅行》一書，斯托夫人參閱了三十多種書籍，對世界上各種耶誕節的風俗進行了研究。寫《跟兔子作復活節旅行》一書時，爲了全面了解各國復活節的風俗習慣，她跑遍了匹茲堡的圖書館。有一段時期，她差不多天天在動物園，同時博覽各種動物參考書，那是她在爲寫《我在動物園裡的朋友》一書作準備。

斯托夫人認爲人能夠懂音樂是一件幸福的事情。因此在女兒還很小的時候，她努力培養她形成音的概念。上面已經說過，女兒出生後不久，斯托夫人就買了一個能發出一、二、三、四、五、六、七、七音的小鐘；況且天天都要放幾段音樂名曲給女兒聽；再加上奶媽的歌聲，這樣的教育可謂充分。

在女兒學會讀ＡＢＣ以後，母親就開始教她怎樣讀樂譜，這方面的遊戲她們時常玩。她們是這樣玩的：讓她在屋裡找藏好的東西。這個遊戲兒童常玩，不過斯托夫人卻是用鋼琴指揮。例如：當女兒走近媽媽所藏的東西時，她不是說「糟糕，糟糕」而是在鋼琴上彈出低音。若是女兒走得遠了，就彈出較高的音節。如果女兒不注意辨認聲音，將難以找到所藏的東西。這種訓練方法對提高她的聽力很有效。

孩子從小就能夠辨認節奏，從女兒還不會說話時起，斯托夫人就用手打拍子給她看。後來又買了一個小鼓，教女兒按拍子敲打。接下來又給她買了一架木琴，讓她敲打著玩，同時開始玩彈琴遊戲。斯托夫人指著牆上的樂譜，讓女兒照著譜按琴鍵。沒用多久，女兒就能夠在鋼琴上彈奏簡單的曲調了。

爲了形成節奏觀念，斯托夫人開始教女兒跳舞。培育孩子的節奏感和音調觀念十分重要。兒童應該在節奏和韻律中生活，使他們能夠在雨聲中聽出節奏，從風聲中體念到音樂的美。由此看來，日本人在家裡掛風鈴，或者掛風弦的做法對孩子是很有好處的。如果媽媽既不會唱歌，也不會任何樂器，最好天天讓孩子聽唱片。一個人完全不懂音樂，而且生活在一個沒有音樂的環境中，是絕對不會幸福的。

斯托夫人不僅精心培育女兒的音樂才能，而且天天爲她朗誦詩歌。像《鐘之歌》這樣音韻優美的詩歌也是很好的兒歌，她還和著這些詩歌的調子教女兒跳舞。我認爲那些排斥跳舞的觀點是不可取的。荷爾博士就指出，古希臘人和羅馬人都能歌善舞，這樣他們才會具有如此優美的體形。舞蹈可以塑造優美的體形，使人們身體健康。

斯托夫人的音樂訓練

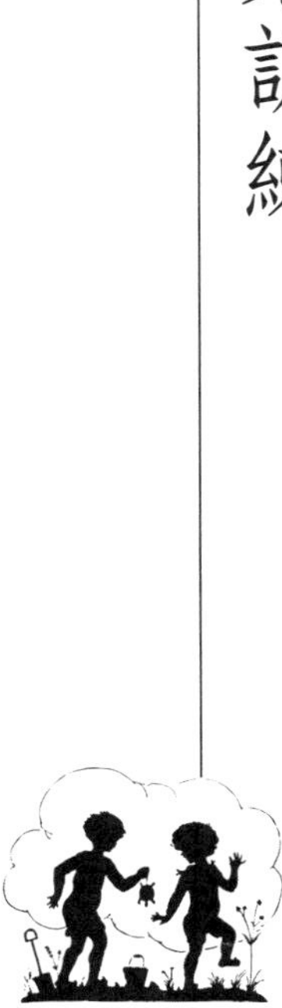

對兒童的音樂教育應該從幼年開始。東方的孩子這樣的訓練大都比較晚，往往到七、八歲之後才開始。可是這樣的教學效果很不理想，因爲孩子的聽力沒有從小受到訓練。這種方式還會給孩子帶來煩惱。而且那裡的音樂教學方法也不盡合理，開始時不教孩子完整的曲調，而是只作技巧練習，使孩子感到厭煩。技巧訓練當然很重要，但是孩子對音樂的興趣更重要。那麼，斯托夫人是如何對她的女兒進行音樂教育的呢？

兒童從小就喜歡擺弄各種樂器，應該很好的利用此機會鼓勵他們練習。其實，孩子只要得到相應的幫助，自己就能夠編出一些曲調來。維尼雷特就創作了許多曲子，她把它們都記在筆記本上，這些小創作和幼年時代的照片一樣，會給人帶來很多樂趣。

我教女兒學習彈鋼琴同樣是用遊戲的方法。

我有一位朋友，請了一位小提琴教師來教孩子音樂。他只讓孩子練習技巧，一年之後，這個孩子不但沒有學會音樂，反而十分厭惡音樂。維尼雷特的小提琴教師可不是這樣教的。我女兒練習小提琴的時候，我就用鋼琴爲她伴奏，所以她很樂意學。如今，她不論是拉小提琴，還是彈鋼琴都很出色。

在生活中，我們沒有必要要求每個人都成爲音樂家。不過，我相信一個完全不懂音樂的人是不會幸福的。就算不會演奏，至少也要能夠欣賞。因此，有必要教孩子一些音樂知識。

有人覺得既然不指望孩子成音樂家，讓他學習音樂是一種浪費，這是完全錯誤的。沒有藝術修養的生活，如同荒涼的沙漠。我認爲爲了孩子將來能夠幸福，生活必須豐富多彩，因此父母有義務培養他們的藝術修養。據說俾斯麥退職以後曾經慨嘆：要是年輕的時候學會了一種樂器，老年的生活就不會如此寂寞無聊了！

斯托夫人的拼音訓練

按她書裡的描述，也是一種用拼圖板做遊戲的方式，具體做法很多，簡錄如下：

我十分偶然的發現，教孩子拼寫的最好方式是使用打字機。一天，我正在打字機前寫東西，小維尼雷特跑過來要我教她打字。我答應明天教她，因爲當時沒有時間。不料，第二天我一走進門，她就拿一張紙給我看。只見上面打一首兒歌，這是她用打字機打在紙上的，只是單打了字，字體沒有間距，也沒有大寫字。我當即把她誇獎了一番，從那時開始教她打字。

女兒高興極了，每天都要打出一些詩歌和故事。她就是這樣不知不覺地學會了拼寫，很快就嘗試著寫詩和故事。那時，她還沒有滿三周歲呢。

在那之後，我住進芝加哥醫院，做了手術。這段時間，我每天收到女兒用打字機打的信。這些信使我深受感動，我將一輩子保存著這些信件。

從那時開始，她每天都要打出一些著名詩歌或者文章，並在無心之中記住了這些名篇。雖然我無法知道打字的辦法在我女兒學習拼音上面起了多大的作用，包括我確信通過打字練拼寫比直接教孩子拼寫更有效。

雖然現在常用的工具是打字機，但卻不能完全離開鋼筆。於是，我想教她正確使用鋼筆。孩子什麼都跟媽媽學，維尼雷特看到我要用鋼筆時，也跟著模仿；於是我開始教她寫字。只要父母有耐心，孩子會學得很快的。

維尼雷特第一次向我要鋼筆寫字的時候，我給了她一支紅鉛筆，並且鼓勵她寫好自己的名字，給爸爸一個驚喜。她聽了很高興，一個人使勁練。這一點也說明孩子的上進心是一種極大的力量。幾天之後，她終於能夠漂亮地寫自己的名字了，這是發生在她一周歲零五個月的事情。

她兩歲的時候，有一次我們去住旅館，她在登記簿上簽了自己的名字，把旅館的老闆嚇了一跳。

在女兒剛能夠寫簡單文章之時，斯托夫人就要求她每天寫日記。因此她的日記是從兩歲開始寫的。後來，遇到天氣不好，不能在室外玩的時候，她就看自己幼年的日記，從中得到很大樂趣。斯托夫人認爲隨著年齡增加，這些日記對女兒將更加有趣，將來還是她的子女最有趣的讀物。

按照斯托夫人的方式撫養育孩子，做母親的更應當寫日記，把孩子成長和發育的情況記錄下來。這對子孫後代不僅是貴重遺物，而且在他們將來養育兒女時，將大有益處。

斯托夫人還注意培養孩子寫作的興趣，辦法是鼓勵女兒給她的小朋友寫信。有些孩子對老師規定的作文不感興趣，那是因爲她們把這看作功課。要是讓他們寫生活中的事，他們會很高興的接受。斯托夫人還鼓勵女兒在她所喜愛的報紙上投稿。維尼雷特五歲的時候已經是一份報紙的忠實讀者，後來還獲得了該報的銀質獎章和金質獎章。

大自然是最好的老師

大自然可以說是世界上最好的教師了，她能夠提供給你無窮無盡的知識。遺憾的是，我們的大多數孩子並不去與她接觸。關於大自然，我們可以向孩子講述無窮盡的美妙故事。一百年以前，威特每天都要跟父親到郊外去，聽他講述那些關於動植物有趣的事情。斯托夫人盡心培育維尼雷特，如同威特的父親教育威特一樣。她盡可能帶著女兒到郊外去遊覽，對著實物向她講述各種有趣的知識，這些故事涉及植物學、動物學、礦物學、化學、物理學、地質學、以及天文學幾乎所有科學領域。

她們常常到郊外摘下一朵花，或者拔下一棵草來研究一番，或者觀察一塊破裂的石頭，或者察看小鳥的窩巢，觀察昆蟲的生活習性。維尼雷特尤其喜歡用顯微鏡觀察它們。而且，還寫了一些極其有趣的小文章。

維尼雷特喜歡植物，她採集的標本堆了一屋子。她還通過與世界兒童的交流，搜集植物標本。她還有一個壓花冊，裡面珍藏著來自世界各地偉大人物和詩人墓上以及古戰場上的花卉。《奧雕邦花冊》是其中最珍貴的，奧雕邦先生在美國是眾所周知的人物，他曾長期在肯塔基州漢德森的附近樹林裡從事研究，那個花冊是維尼雷特在那裡採集標本壓製而成的。她在那片樹林中獲得了各種有關大自然的知識。

起初維尼雷特很害怕青蟲，後來她知道了青蟲會變成美麗的蝴蝶，就不再感到害怕了。斯托夫人還和女兒一起觀察螞蟻和蜜蜂的生活習性，她對它們的集體生活很有興趣她還學了許多有關黃蜂和雄蜂生活規律的散文。她還通過與世界兒童的交流，搜集植物。維尼雷特尤其喜歡甲蟲，她說甲蟲有十五萬種之多。可她還想自己發現一些新的種類。她看過許多有關甲蟲的書。冬天，野外的甲蟲都藏匿起來了，她就到卡內基研究所去研究標本。對於美國孩子來說，卡內基研究所的博物館非常方便，斯托夫人每周都要帶女兒去幾次。在那裡，她們可以看到世界各地的動植物，以及全世界各種民族的風俗、服裝及生活用具，還可以看一些古今名畫、雕塑等藝術品。

相當多的母親都爲孩子的一些壞毛病發愁。其實，這些不良行爲是由於孩子的充沛精力沒有得到合適的使用所造成的，這是一種生命的浪費。如果父母把孩子帶到大自然中去，小孩有的是事情可做，就沒有心思做壞事了，而且大自然能夠陶冶孩子們的心靈，使之趨於高尚。自古以來，那些和大自然親近的人都是品德高尚的人。

小孩子走進大自然中去，不僅可以使他們身體健壯，而且會使他們精神飽滿。相反，城裡的孩子很少呼吸到新鮮的空氣，往往心情抑鬱，從而導致乖僻的性格。我以爲有必要從改造少年犯的經費中撥出一部分來，用在把城裡孩子帶到大自然中去，這是預防少年犯罪的好方法。

讓少年兒童玩園藝也是很好的教育方法。按照伯班克博士主張，美國小學應該開闢一些庭園，分給每個學生，以便在裡面栽培花草植物。斯托夫人就是這樣做的，她的女兒從小就有個小庭院，她在裡面栽花草和馬鈴薯，還堅持每天澆水、除草，細心觀察它們的生長情況，從中得到很大的樂趣。

每年夏天，斯托夫人都要帶著女兒到山裡去野營，以便她開展研究，更加親近大自然。她還不時帶她到原野漫步，觀察在草叢中的野花和小蟲的活動。正如歌德所說的那樣，在那裡面有一個《草中小世界》。

樹林是孩子的最佳教科書。有幾年，斯托夫人一家就住在森林附近。在晴朗的天氣，斯托夫人就會和女兒與傭人到樹林中去遊玩，她給女兒指出樹木和小鳥的名稱，並用照相機拍攝，這些照片洗出來後，女兒還要給它們塡上顏色。對她來說，這是一件很有樂趣的事。

斯托夫人在樹林中還給女兒朗讀歌頌自然的詩歌。天氣是那樣晴朗，空氣是那樣新鮮，大地是那樣的肅靜，在這樣的環境朗誦古人的詩是多麼愉快的事情。在樹林裡維尼雷特還繪畫，寫有關樹木和鳥類的散文。

維尼雷特五歲的時候開始養鳥，她養的是兩隻金絲雀，一隻喚作菊花，另一隻叫尼尼達。尼尼達在西班牙語中是嬰兒的意思。菊花是日本少女喜歡用的名字。她還教金絲雀各種技巧，它們能站在她的手掌上跳舞，還能夠隨著琴聲歌唱。維尼雷特彈鋼琴，兩隻鳥就會停在她肩上。要它們閉眼，就眞的閉上兩隻眼睛。在她讀書的時候，叫它們翻下一頁，它們就會啷著小嘴來翻書。

斯托夫人的家裡還養著小狗和小貓。孩子養小動物，就得時時給它們調食、餵水，不僅可以鍛鍊孩子的能力，還可培養孩子的愛心。有人也許不同意飼養動物，因爲動物是傳染病的媒介，對兒童有危險。只要大人多加注意，對孩子不會有什麼危險。正因爲家裡養了金絲雀和狗，維尼雷特開始對其他的動物發生了興趣。經常跑到動物園去觀看動物，還著手研究各種動物的生活習性。這些活動的結果是她寫了兩本書，一本是《我在動物園裡的朋友》，第二本名叫《和動物園的朋友聊天》。

在各種動物中，維尼雷特尤其對魚類感興趣。她在自己的房間裡養了金魚和鯽魚。美國的幾個大水族館，她幾乎都去看過。其他的科學門類，如礦物學、物理學、化學、地質學，斯托夫人也用同樣的方法教她的女兒。

爲了培養女兒天文學的興趣，斯托夫人給她看一些神話書。並時常帶她到天文臺去參觀，並且指導她用望遠鏡觀看天體。不久，她就有了許多天文學者朋友。拉肯博士在馬溫特天文臺工作，他說自己寫作《在頭腦混亂之中》一書，起因就是和維尼雷特的一次交談。

當她們一家住在海岸的時候，斯托夫人常帶女兒到海邊去玩，這是因爲海邊有利於形成地理概念。她們在海邊拾貝殼，採海藻，捉螃蟹，或者撿水母、海星玩，她對女兒講解這些海洋生物的故事。她們還在沙灘上做遊戲，比如堆假山、鑿人工湖、修灣、築島等等。後來，她還隨身帶著地球儀，這樣就能夠更直接的爲她講解哪裡是大西洋，哪裡是歐洲和非洲。接下去一步步教她世界地理。自然，斯托夫人不會忘記帶女兒到處旅行，這樣大大地擴展了她的眼界。如今，她的女兒有著十分豐富的地理知識。

每天給孩子講一個故事

最有效的教育方法是給孩子講故事。聽故事不僅可以鍛鍊孩子的記憶力，而且能夠啓發想像力，同時也擴展了他們的知識面。給孩子傳授知識，死板地灌輸，效果往往很差；用孩子們喜歡的方式教，他們不但願意接受，而且容易記住。斯托夫人這樣寫道：

維尼雷特還不會說話的時候，我就開始講希臘、羅馬和北歐神話給她聽。在她會說話後，我倆還不時表演這些神話故事。我們也把《聖經》上的故事用戲劇的形式來演。我講述神話，是爲了引導女兒對天文學發生興趣，也是爲了使她能夠更了解雕刻作品的含義。要研究文學藝術，不懂神話是很難辨的。

爲了使女兒能夠牢記這些故事，我常常把這些內容寫在紙牌上面，在遊戲中熟悉它們。這個方法我現在還經常使用，我現在教的世界歷史就是用的這個方法。先是講故事，然後把內容編成紙牌，用遊戲的方式使學生接受這些知識。有時候，我們母女一起讀書，然後各自把內容要點寫出來。

由於韻文比散文更容易記住，維尼雷特就習慣於把需要記住的事情寫成韻文。她改寫的韻文相當多，其中一部分前不久還編輯出版了，書名是《敘事詩》。對於歷史事件，如果能夠用戲劇表演出來，就更容易記住。我認爲這個方法很適合學校教學。這並不需要太多的時間去練習，只須每天都練就可以了。現在學校的歷史課，只不過是照搬年代表，沒有半點趣味。自然引不起學生的學習興趣了。

我女兒八歲的時候，她爸爸就用人體骸骨教她生理學。過了一陣子，她爸爸外出旅行去了。在這段時間裡，她就把自己記住的骨、筋肉和內臟的名稱用韻文寫下來，等爸爸回來看，結果使他大吃一驚。與此同時，她還相應的學習了衛生學，比如那些有關食物和疾病的知識。

斯托夫人的女兒從父母那裡學到的各種知識，將來都會有用。社會上有這樣一種人，可以說他們讀書破萬卷，知道很多事情，但是僅僅停留在「知道」的程度，不論對社會還是個人生活都無益處。斯托夫人可不想讓女兒變這種人，所以，注意培養一種務實精神，決心把女兒培養成有益於社會的人。

怎樣教孩子學外語

在美國的大學生中間，可以說沒有人喜歡學習拉丁語。爲什麼呢？因爲他們沒有學習拉丁語的基礎。但研究工作卻離不開拉丁語，因爲拉丁語是羅曼斯語的源頭。掌握了它，就可以很容易學會法語、西班牙語、以及義大利語。爲此，我認爲有必要盡早爲孩子學習拉丁語打好基礎。斯托夫人的女兒還在搖籃裡，就已經跟母親學習拉丁語。在斯托夫人這樣做的理由是：

首先，嬰兒更善於使自己的耳朵而不是眼睛。既然如此，我爲什麼不利用這一點來教女兒拉丁語呢。有些學校用圖表和規則來教拉丁語，而不是利用聽力，我認爲這個方法並不好。維尼雷特四歲的時候，曾經和一位拉丁語教師交談，可那教師什麼都聽不明白。這樣的拉丁語學者在社會並不少，他們只能看書，卻開不了口。

其次，小孩有著驚人的語言天賦。當維尼雷特剛學會英語時，我用十三種語言教她說「您早」，沒想到她很快就學會了。早晨起來，我讓她對著十三個玩偶，分別用

不同的語言說「您早」。

每一天，我都要教女兒一些拉丁語語句。五歲時，她就能夠背誦《艾麗依斯》的第一卷和五百首拉丁名詩。如今她已經可以背誦凱撒、西塞羅、利維烏斯亞等人的部分著作。

想要學好外語，搞清楚語源是很有必要的。我從一開始就指導維尼雷特這樣做，這樣的筆記現在還保持著。一旦她掌握了一個拉丁語單詞，就會調查由此衍生出了哪些現代詞。總而言之，我認爲教孩子最有效的方法是做各種遊戲。

數學中的興趣

數學是所有的學科中最難以引孩子感興趣的科目。可是，斯托夫人用她的方法，很快就教會她女兒數數和數字，而且她用做買賣的遊戲輕易就使女兒學會了數錢。不料，當斯托夫人教女兒乘法口訣表的時候，她第一次表現出厭煩的情緒。由此可以看出，五歲左右的孩子是不喜歡死記東西的，雖然她媽媽把口訣編成歌唱，她還是不喜歡。

想一想吧，五歲的維尼雷特可以用八種語言說話，在歷史和文學方面，已經具有初中畢業的水準，還在報刊上發表了不少文章和詩歌，卻學不會乘法口訣。斯托夫人感到擔憂了，女兒的智力是否出現了偏向，她的目標是使女兒獲得全面發展，從而培育出一位合乎理想的女性，智力的片面發展造就不出眞正幸福的人生。雖然斯托夫人很擔憂，但她並沒有強制女兒硬背乘法口訣，因爲她很清楚強制是達不到目的的，而且可能挫傷女兒的性格。

正好在那個時候，斯托夫人爲了宣傳世界語，帶著女兒到紐約的肖特卡去講演，在那時她遇到了洪布魯克女士，她一個數學教育專家，在芝加哥的斯他雷特女子學校擔任數學教授。

斯托夫人向她講了自己的問題，她回答道：「雖然你的女兒在數學上沒有天分，但還不是過於片面，問題是你的教法不對。你沒有能夠有趣地教，她自然沒有興趣去學。你喜好語言學、音樂、文學和歷史，所以能夠很有興趣地教女兒，她也喜歡學。至於數學呢，你自己沒有興趣，因而教起來也就勉強，你女兒自然就感到厭惡。」後來，她把教數學的方法教給斯托夫人，她運用這樣的方法教女兒數學，取得很好的效果。她在書中對這些技巧作了以下說明：

我接受洪布魯克女士的建議，首先想辦法使她對數學發生興趣。我們玩這樣的遊戲，例如：在紙盒裡裝入一把豆子或者鈕扣，我們每人抓一把，數數看誰手裡的多；或者吃葡萄的時候數數它們有多少種子；在幫助傭人剝豆子的時候，我們一邊剝一邊數豆莢中有幾顆豆子。我們還經常擲骰子玩，開始是擲兩個骰子，把出現的點數加起來記在紙上，這就是所得到的分數。如果正好是六分，就可以再擲一次。玩幾次之後計算一下，看誰勝誰負。

維尼雷特對這個遊戲很有興致。根據洪布魯克女士的建議，每次做遊戲的時間不超過一刻鐘。因爲女士說，數學遊戲很費腦力，最好不要超過一刻鐘。兩三個星期以後，我們玩的骰子增加到了三個，後來是四個，最後達到六個。

接下來，我們玩一種分組遊戲，把豆和鈕扣兩個一組分成兩組或者三組，要是三個一組，分成三組到四組，再排列開來，計算總數是多少，寫在紙上。爲了方便計算，我就把這些做成乘法口訣表，並且寫出來掛在牆上。不久，維尼雷特理解了二二得四，三三得九的道理，而且十分開心。我還經常同女兒做模仿商店買賣的遊戲，這是爲了使她能夠將數學知識運用於實際生活。這個「商店」裡的東西有的是計量長短，有的是記數量，有的是用分量計算。價格就按實際的價格，貨幣就用眞錢。我到女兒的「商店」去買各種生活用品，她計算多少價錢，並找零錢給我。

維尼雷特有自己的儲蓄，在她用功學習，或者積極工作，或者幫助我們做事的時候，我都給她錢作爲獎勵，還有雜誌社和報社給她郵寄來的稿費，這些錢都用她的名字存在銀行，並由她自己計算利息。

按照洪布魯克女士指點的方法，斯托夫人很快使維尼雷特對數學產生了興趣。有了興趣以後，學起來就水到渠成了，從算術直到代數、幾何都十分順利。

給孩子一個想像的世界

人生的幸福有一半來自想像，不懂得想像的人就是不懂得幸福。那些毫無趣味的人只講事實，排斥任何想像，因此這些人從家裡把聖誕老人和仙女攆走。他們還認為神話傳說違反事實，兒歌不合情理，對孩子只會有害無益。然而，我們可不這樣想，這些人根本不知道神話和兒歌對於陶冶孩子的品德多麼重要。我們的孩子都知道應該愛惜鳥獸，並且很小就具備一些道德品質和遠大的理想，都是受了神話傳說和兒歌的陶冶所致。

佩爾特說道：「想像好比人的血肉，沒有想像，人生不過是一堆骸骨而已。」就是我們成年人的生活，沒有想像也是毫無趣味，何況小孩子呢。所以，把聖誕老人和仙女從家裡攆走，就好比攆走玩耍的夥伴、拋棄手裡的玩具一樣，對孩子來說是多麼冷酷無情。

而且，要是一個人的想像力不能夠在小時候得到發展，不但不可能成為詩人、小

說家、畫家，而且也不會成爲科學家、建築師、好的法官。有一種看法以爲數學家和科學家不用想像力，事實卻並非這樣，想像力對於任何人都是必不可少的。在發明家製造機械的時候、在學者思考眞理的時候、在建築師設計建築物的時候都離不開想像。拿破崙說得好：「**想像支配著人類世界。**」眞是千眞萬確，他運用的戰術和他的雄心都是想像的產物。

發明家富爾頓在製造出汽船之前，首先用他那雙想像的眼睛看見在海洋裡航行的汽船。在發明飛機之前，萊特兄弟也在他們想像的眼睛裡看見了飛翔的飛機。在發明無線電之前，馬可尼那雙充滿想像力的眼睛就已經看見了遠隔千里通信的情景。就是因爲這樣，他們才發明了汽船、飛機、無線電。愛迪生數不清的發明，拉斐爾的美妙圖畫都是來自想像的成果。

由此可見，對孩子而言擁有想像比繼承百萬家產有意義。那些年幼時想像力得到了充分發展的人，就是在生活中遭到了不幸也不會絕望；在貧困中生活也會感到快樂。由此看來，世界上最不幸的人應該是那些失去了想像力的人，他們在激烈地社會競爭中很難取得成功。

斯托夫人就非常注意培養女兒的想像力，她這樣寫道：

我的家裡歡迎仙女光臨，我經常給女兒唱和兒歌、講各種神話傳說，讓她認識到

大自然是一個有仙女居住的美麗世界，所以我的女兒從小就喜愛大自然。與此同時，從這些傳說和兒歌裡面，她還能夠學到諸如正直、親切、勇敢、克己等優良品德。

由於孩子們還沒有眞正進入社會生活，尚不清楚這爲什麼是善，那爲什麼是惡。而要讓他們能夠區分善惡，給他們講述傳說和兒歌是最爲有效的方法。我就是這樣來糾正女兒的一些不良行爲，促使其向好的方面發展的。

爲了訓練維尼雷特的想像能力，我不但給她講各種神話傳說、童話故事，而且還給她講述自編的故事，看有趣的圖畫，進而鼓勵她自己編故事，並且把這些故事寫出來。

把兒歌和傳說的內容實際的表演出來，是發展孩子的想像力最有效的方法。儘管表演需要一定的背景，家裡很難辦到，可這也是啓發孩子想像力極好的機會。阿里斯·朋尼·赫茨女士是美國兒童劇場的創辦人，她認爲兒童劇場的背景和演員的扮裝如果過於逼眞，反而不能促進孩子想像力的發展，因爲這樣限制了他們的想像空間。她還說如今教育的不足之處就在於過於現實化，沒有爲孩子留下想像空間。

我和維尼雷特每人都有一位想像中的朋友，他們的名字分別叫內里和魯西。當我們遠離朋友住到鄉村裡的時候，就確定這兩個想像中的朋友，這樣我們就可以四個人一起遊戲了。就是有這個原因，維尼雷特從來沒有無聊、苦惱的時候。有趣的是，奶媽有一次對我說：「太太，你女兒有點怪，好像和幽靈在一塊兒玩。」

我認爲小孩的玩具應該簡單結實，而不是完整無缺。理由如下：第一，完整的玩具一般很貴，而且容易損壞；第二，這樣的玩具不能夠發孩子的想像力，它的實際價值就減小了。從維尼雷特小時候起，我就只給她布和膠皮做的娃娃玩。這些娃娃不容易壞，而且能夠抱著睡覺，膠皮娃娃還可以跟她一起洗澡。只有這樣的玩具才具有玩具的價值，因爲它們能夠促發孩子的想像能力。出於同樣的想法，我也很少給女兒買製作完備的玩具，而是給她剪刀和碎布，讓她動手縫製娃娃的服裝。我還給她買一些日用品玩具，以便她模仿大人的日常活動。

有些母親對孩子的精神世界毫不了解，往往因爲收拾屋子，就把孩子用木片和紙盒等搭建城市、宮殿拆掉，這樣就破壞孩子的遊戲，是對兒童心靈世界的無情摧殘，這是非常不應該的。

她們的這種行爲，不僅剝奪了孩子遊戲的歡樂，而且抹掉了孩子成爲詩人、學者、發明家的可能性。同樣，那些排斥神話傳說，認爲它們對兒童沒有價值的看法也是不正確的。同一個行爲對於懂得神話的孩子和不了解神話的孩子具有完全不同的意義，比如眺望天空的星星。正是由於斯托夫人常常向女兒講神話故事，所以維尼雷特很小就對天文學產生了興趣。

孩子要認識的品德

教育孩子的目的不僅是開發他們的智力，同時還要培養他們的高貴品德。我們應該明白，正如那些偉大的藝術家、科學家必須通過早期教育才能培育出來一樣，優良的品德也是要從搖籃時期就開始培養；不然就沒有很難抱什麼希望。這個任務完全是由父母來完成的，因爲現在社會上不存在專門培養孩子品德的機構。由此可見，那些沒有盡心培養孩子品德的家長，並沒有盡到自己的責任。

孩子的道德教育，越早進行越有利。普林斯博士這樣說：

「對孩子的品德培養應該從搖籃裡開始，因爲我們的社會最缺乏的是道德，而不是頭腦。」

一個完善的人應該是品德、健康和才智都優秀的人。如果單重視體育，兒童將會四肢發達，而頭腦遲鈍；片面強調智育，孩子有可能成爲毫無用處的病夫；不過，只重視道德教育的話，也只會培育出一些「好好先生」。這樣的人對社會、對人類都是毫無價值的。因此，孩子的成長必須三方面均衡發展。

孩子總是像影子一樣跟隨著父母，處處受到父母的影響。因此，父母親應該作孩子的表率，處處留心自己的行爲，因爲孩子行爲的好壞完全是父母教育和影響的結果。威特的父親對此說道：「**孩子們都是父母的翻版。**」對於要向威特灌輸的東西，他總是要求自己做出榜樣。我們完全贊同他的主張。

母親講究穿著，女兒必然喜歡打扮。母親嘮嘮叨叨，女兒也會多嘴多舌。一樣的道理，要是父親是個酒鬼，兒子也多半愛喝酒；父親愛搬弄是非，兒子的嘴也不會好。這是一個普遍現象。正如有人所說的那樣，孩子的心靈是一塊神奇土地，播種思想的種子，會收穫行爲的果實；種下行爲的種子，收穫的是習慣；要是播下習慣的種子呢，將收穫到品德；如果播下的是品德，得到的收穫是命運。由此可見，父母的手裡掌握著孩子的命運。如果父母能夠嚴格要求自己，勤於作孩子學習的表率，盡心培養孩子的品德，這就爲孩子的未來的前程創造了條件，同時也證實了自己是一個偉大的人，因爲世界上最偉大的人就是那些偉大人物的母親。爲了便於母親們學習和參考，以下摘錄一些斯托夫人對孩子早期品德教育的見解。

勤奮　勤奮是兒童必須從小培養的一種品德。它是人類最主要的品德之一，是幸福生活的源泉，而懶惰則是萬惡的根源。一個人的精力如果不能夠使用在有益的方向，就會成爲一種破壞力量，這是很不幸的。諺語說得好：「惡魔要借助懶漢的手。」對孩子而言也是一樣。

柏拉圖說道：「任何壞人都不是自願成爲一個惡棍的。」有的人之所以變壞，多半是教育不良的結果，其中主要是父母的影響。所以，作爲孩子的父母，從小就應該使孩子養成勤於勞動的習慣，這樣惡魔就無機可乘了。那些從小愛勞動、好學習、關心他人的孩子，長大後一定會成爲一個有作爲和幸福的人。

自制力　孩子另一個必須具備的品德是自制力。古話說得好：「那些能夠隨意支配金錢的人並不是最幸福的人，幸福的人是能夠支配自己的人。」亞歷山大征服了全世界，但卻很快夭折了，因爲他不懂得節制。因此，培養孩子的自制力，是爲他們將來生活幸福提供了保證。

兒童的無盡的精力如同水蒸氣，如果讓它任意揮發，將是很危險的事。要是能夠加以控制，使它驅動機器運轉，就能夠開動汽船，使火車滾滾奔馳。那些動輒撒嬌的孩子就是缺乏自制力的孩子，這對他是不幸的事情，而且也將給他人帶來麻煩。

勇敢　勇敢也是一項必不可少的品德。有的母親有一種錯誤的作法，她們一看到孩子受了一點傷，便馬上過去安慰他，其實這樣做是加重了孩子的痛苦。合理的作法先不談這件事，想辦法把孩子的注意力轉移，這樣他會很快地忘記痛苦。社會上有這樣一種人，他們總是在別人的憐憫中過活，這種毫無骨氣的人的生活是多麼可悲，眞是再沒有比這更悲慘的了。

應當使孩子避免變成這樣的人。但是，勇敢並不等於殘酷無情，絕不能使孩子變成毫無同情心的木頭人。

禮貌 要使孩子養成一切良好的習慣，必須要父母作爲榜樣。

尤其是日常生活中的禮貌，兒童主要是學自父母。在這方面，父母應當處處給孩子做出榜樣，盡量保持愉快的精神，不說一些不體面和粗野的話等，還要盡量遵守時間。遵守時間不僅是指不遲到，也包括不可比約定的時間早到，這樣會對使方難堪。在家庭生活中，容易說話粗魯，這一點父母要應特別注意。想要孩子有禮貌，父母對孩子也要有禮貌，孩子沒有自己的標準，總是什麼都跟父母學。所以，有些負責的爸爸媽媽，就是對家畜也不說粗話。

數學、地理等知識，孩子長大之後還能夠繼續學習，可是幼年時代如果沒有養成禮貌的習慣，長大以後就很難改正了。有一點可以證明，通曉地理和歷史的人社會上有很多，而言談舉止優雅的人卻很少遇到。所以說，應該及時糾正孩子的不良行爲。

兒童天生就是一個小暴君，從生下來就傾向於自私自利，要求他人的多，很少爲他人著想。這種自然傾向可以通過教育加以糾正，只要從小就教導他多爲別人著想，富有同情心，孩子就絕不會發展成一個利己主義者。

服從　服從也是孩子的重要品德之一。曾經發生過這樣的事，一個法國大官問華盛頓的母親：「您把兒子培養成如此偉大的人物，用的是什麼教育方法？」他得到的回答是：**「我只教兒子學會正確的服從。」**為了使孩子學會正確的服從，父母要對孩子講清楚，要他去做什麼事情，爲什麼要這樣做；如果父母不制止他的行爲，也要說明是爲什麼理由。同時要讓孩子明白，父母這樣做是爲了他們好。

誠實　罪惡來自謊言，謊話的害處無可盡數。可是既然孩子們沒有生活經驗，而且善於想像，有時候免不了說說謊，當然他們也知道這不是好事。對這樣的行爲不要過多予以指責，但是要注意加以糾正。因爲這種無害的說謊很容易發展到有意的欺騙，其間只有一步之差。

慈善　孩子生性都很貪婪，不過只要注意引導，他們絕不會成爲自私自利的人。從小時起，我就獎勵維尼雷特把她的各種手工藝品送給小朋友，有時送給那些貧苦人家的孩子，以此培養她的仁愛心。而且，自從她成爲我的助手以後，我就要求她多爲別人工作。

自尊心　所有品德的基礎是人的自尊心，要是喪失了自尊心，一個人已有的品德就會瓦解。許多人之所以成了酒鬼、賭徒、盜賊、或乞丐，首先的因爲他們失去了自尊心。有的父母經常把孩子的過失掛在嘴上，這是極端錯誤的，因爲這樣有損孩子的自尊心。那些愛當著外人面揭孩子短處的家長，簡直不配做父母。

我反對打孩子，從來沒有對女兒施行體罰。生活中有些母親一生氣，不問青紅皂白地就打孩子，到她們氣消了下來之後，又是揉搓打疼的地方，又是給他們糖果吃，這樣安慰孩子，這種方法別指望能夠培育出什麼優秀人才。斯賓塞說得好，孩子的教育同時包括對母親自身的教育。每一個母親在管教孩子之前，首先要學習管理自己。我們美國的母親是常打孩子的，這大概由於所羅門這樣的一句話：「要是不加鞭打，孩子就會被寵壞。」

其實體罰只能使孩子變得倔強、頑固、冷酷無情。一次，我看見一個孩子使勁的打一隻狗，我問他：「你爲什麼這樣打狗呢？」

他回道：「我爸爸可以這樣打我，我就打狗。」

可嘆的是，虐打孩子的事在美國很普遍，打壞耳鼓膜的事一再發生。我們有動物保護協會，既然我們對動物都保護，怎麼可以虐待孩子呢?小孩做了壞事，責任不在孩子，而在大人身上。這是由於父母對孩子放任不管，由於他們沒有把孩子的精力加以引導的結果。應該盡早培養孩子對工作、勞動的興趣。

在波士頓曾有個惡棍在法庭上蠻橫地說：「我一生下來，就沒有勞動過一天。」

所以說，懶漢多半墮落成罪人。

我的一個朋友因爲孩子破壞園子裡的花草，十分苦惱。我對他說：「你可以給兒子買鋤頭和鐵鏟，讓他種花。」他這樣做了，結果問題解決了。這是什麼原因？這是由於把孩子過剩的精力加以引導的結果。

另外，我從來沒有斥責過女兒。最有效的教育方法不是教訓孩子，而是耐心地給他講道理。有一天傍晚，我穿過一個某貧民窟，簡直是一句好話也聽不見，到處是母親斥責小孩的聲音。

我心裡想，她們的孩子眞是可憐，由於大人們辛苦工作一天，十分疲勞，心緒很壞，孩子們就成了他們的出氣筒。可是，另一種母親也不少見，她們終日無所事事，還是動輒就斥責孩子，把她們無聊生活的怨氣都傾注到孩子身上了。如果經常受到斥責，孩子就會習以爲常，母親的權威也會失掉，導致母子間產生隔閡，從而使對孩子的教育完全失敗。

幫助孩子訂一個品行表

父母既不能對孩子太嬌慣，也不要過多教訓。我們不應該對孩子的不良行爲大加申斥，而是要讓他們懂得人生道理：在這個世界上，他的任何行爲都會得到相應的報答。

斯托夫人正是按照這一原則教育女兒的，她寫道：

只要女兒做了好事，第二天早晨就會在枕頭旁發現可口的點心；同時，我會對她說，這是由於你昨天做的好事，仙女給的獎勵。要是她做了件壞事，早上起來就不會見到這些東西，我還對她說，因爲你昨天做的事情不好，所以仙女沒來。

要是她脫下衣服隨便扔，我是不去收拾的，讓它這樣放到第二天，並且不替她拿出要換的衣服。要是女兒晚上把髮帶摺好，第二天就會有新的；假如沒有收拾好，就得戴那條舊髮帶。如果她把玩具隨便丟在床上，第二天就把它藏起來，使她幾天之內不能玩這個玩具。

有一次，維尼雷特把一個很貴重的娃娃丟在草坪上，結果被小狗咬壞了。她哭叫著跑來找我，我抱著安慰她說：「把那麼好的娃娃丟在地上不管，多麼殘忍呀；假若我也這樣子，把你隨便放在野外，如果讓老虎、獅子吃掉，我該多傷心呀！」。可是，我卻不說將再給她買一隻。

一天，維尼雷特要到她朋友家去玩，問我可以嗎。我說，當然可以；希望她在一二點半以前回家。她一向很守時，但那天不知什麼原因，過了十分鐘她才回家。我沒有說什麼，只是指指錶，讓她自己看。她知道自己遲到了，於是抱歉地說：「我錯了。」剛吃完飯，她馬上換衣服，因爲這天是星期二，照例我們要去看戲劇、或者電影。可是指著錶對她說：「今天的戲沒辦法看了，時間來不及了。」可憐的孩子流下了眼淚，我對此表示遺憾，但卻沒有遷就她。如果要無法看戲就改去看電影，那就失去了意義。

爲了培養維尼雷特的品行，我爲她制訂了一張品行表，每星期一張。表上列出一三項品德：服從、禮貌、寬大、親切、勇敢、堅韌、眞實、快活、清潔、勤奮、克己、好學、善行。只要她做了符合某種品德的事情，就在那一欄中貼上一顆金星；反之，就貼上一顆黑星。到星期六計算一次，如果是金星多，她就可得到與金星數相等的禮物，比如書、髮帶、鮮果等。要是黑星多，就沒有這些獎品。

每星期換一個品行表，並把舊的扔掉，這是爲了使她忘掉上周的事情，下決心改掉黑星。因爲如果保留那些黑星，對孩子並不利。

在孩子面前，一個好的母親應當是個外交家。很明顯，無論孩子或者大人，對於命令都是反感的。所以，有必要運用技巧，不命令孩子去做什麼，而能使孩子去做；不禁止他們做什麼，而能夠使孩子自覺地不去做。用命令的方式督促孩子學習，是不會見效的；與其強制他們，不如培養他們正確地學習態度。

母親應該盡量保持在孩子心目中的權威。我們看到，有些母親喜歡穿奇異的服裝，走在大街上竟成了人們的笑料；還有的懶懶散散、衣冠不整，同樣被人嘲笑；如果孩子看到自己母親被其他孩子譏笑，他們會十分難堪。而且，這樣的事還會給孩子的精神帶來不良影響。所以，既然做了母親，就應該檢點一些，服飾、舉止都要注意端莊一些。不然母親的威信就會降低。出現這種情況，就是預示著教育孩子的失敗。

斯托夫人在她的書中舉了一個例子：

我有這樣的一位鄰居，做母親的把女兒送進女子學校去學習。她省吃儉用，盡力節省開支，使自己和女兒能夠穿上入時的服裝。儘管這樣，可女兒一點也不喜歡她媽媽，有一次對我說：「我媽打扮得這樣花俏到學校裡去，叫我非常難堪。從四歲起，我就爲她這樣的作風感到很難爲情。」我認爲，這位母親不該這樣做；也許這個女孩會被有些人說成忘恩負義，可我很同情她。雖然這位母親努力把女兒送進這樣好的女子學校，不過，在我看來她並沒有做好母親的職責。

上面的事例清楚的表明，父母是孩子的榜樣。不言而喻，如果母親亂穿衣服，孩子也是如此。散漫的作風往往一輩子也改不掉，對一個人極其有害。有許多人，就因爲不修邊幅而失去了晉升的機會。因此，衣著打扮對一個人並不是一件小事情。

要是一個孩子衣冠不整，精神上自然會很散漫。相反，一個人衣冠端正，能使他倍感精神。總之，衣著不可太奢華，以乾淨整潔爲宜，整潔能夠使人更加自信。馬也是這樣，給牠洗刷乾淨，換上新馬鞍，就表現得精神抖擻；給牠安一個破舊的鞍子，往往就表現得無精打采。馬尚如此，何況自己的孩子呢。

不僅要注意孩子的儀表，同時還讓孩子注意保持身體的清潔。應該盡早教會孩子洗臉、洗手、刷牙、梳頭。身體清潔對孩子的自尊心有很大的促進作用。

當然，這一切必須做得合適，以儀表大方得體爲宜。就不要讓孩子沾染好虛榮、愛打扮的不良習氣。孩子所以會這樣，大多是受母親的影響，因此父母要時刻注意。但是，另一種人往往埋頭於時裝競賽，卻對於個人的言行和孩子的教育都漠不關心。人既然在世界上生活，就不能毫無責任心。爲了使孩子健康成長，應當避免這樣的生活態度。

只要家境還可以，就不要讓孩子穿姐姐、哥哥穿過的衣服。就是生活困難，也要盡力避免這樣做。因爲這樣做，孩子的自尊心會受到嚴重地損害。

大人們應該和孩子一起吃飯，受到相同的待遇。吃飯的時候，應該選擇他們能夠懂的話題，大家平等地交談。有的家庭在吃飯的時候禁止小孩說話，有的孩子在家裡總是畏畏縮縮，在這種家庭成長的孩子，很難有什麼自尊心可言。

另一方面，爲了使孩子能自重，必須給他們足夠的信任。無論大人還是孩子，只要受到信任，就會尊重自己。因此，對孩子嚴加管束，不許他們做這個，不許他們做那個，倒不如充分信任他們，耐心地說服他們爲好。如果大人把他們當壞人看待，就很可能使之成爲壞人。

有的家庭有一種不良習慣，家長爲了督促孩子做好事，就給他們頭腦裡灌輸一些天堂、地獄的觀念，這是極端錯誤的。用這種東西來嚇唬孩子，可能導致孩子精神錯亂，或者變得歇斯底里。因爲孩子是非常害怕恐怖的，這是人的天性，即使沒人嚇唬他們，黑暗也會使孩子害怕。所以，絕不要用恐怖的事情嚇唬孩子；相反，應該讓他們明白世上沒有什麼可怕的東西。

孩子總是信任父母，爸爸媽媽說什麼他們都相信。所以，只要父母加以引導，孩子就能夠克服對黑暗的恐懼。用惡魔和幽靈恐嚇孩子的做法極爲有害，正是由於這種教育方法，世上才會有這麼多戰戰兢兢、膽小怕事的人。

生活中還有一些父母，她們為了使孩子好管教，想方設法讓孩子害怕自己。這樣的父母，還不知道他正在製造一個失敗者呢。因為這樣也會使孩子膽小怕事，變成懦夫。這樣的人在社會上是很難獲得成功的。

不要讓自己的孩子說這句懦夫的口頭禪——「我不能做」。嘴上總掛著這句話的孩子是不會有出息的。應該給孩子灌輸一種勇敢進取的精神，最好的辦法是向他們講述偉人們堅忍不拔的故事。

下面我們看看斯托夫人是這樣訓練女兒的堅韌精神的。

一次，她們家換了女傭人，她在無心之中扔掉了維尼雷特的法語練習，這是她花費一周的時間做的。開始，維尼雷特很灰心，她說：「我實在沒有精力再做一遍了。」因為這事情和卡萊爾的經歷很相似，於是，我就給她講這個故事。由於女傭人的失誤，《法國革命史》原稿被當作引火紙燒掉了。這是卡萊爾花費幾年功夫寫成的，可想而知他會多麼沮喪，可是事情已經無法挽回，所以他沒有申斥傭人，而是鼓足勇氣重新寫，後來他終於完成了這部巨著。還有奧杜邦先生的事蹟，他花費二十年工夫製成的鳥類筆記叫老鼠咬碎了，他卻不悲觀失望，也是坐下來重新寫。這類的故事相當多，是培養孩子堅韌意志的好教材。

由於現在很多家庭只有一個孩子，所以大多數母親都把孩子當作寵物，什麼事都替孩子包辦，結果導致孩子對自己缺乏信心。從嬰兒時期起，我就讓維尼雷特幫我扣鈕扣，由於她還不會，所以很費時間，我就耐心地站著讓她扣，因爲我意識到這是在對孩子進行教育。這樣的練習不僅訓練了女兒手部的動作，還培養了她幫助人的性格。當然，我還教她自己穿鞋、穿衣服。即使我非常忙，也要擠出一點時間讓她自己穿、脫衣服。

另外一種母親，則把孩子視爲寶貝，生怕她有個三長兩短，爲了防止跌倒就不讓孩子溜冰；擔心溺水就禁止孩子划船和游泳。恨不得把孩子用玻璃罩子罩起來才放心，這也是極爲錯誤的做法。這樣下去只會使孩子變成一個廢人。

凡是做父母的都知道孩子有強烈的好奇心，他們總是不斷地提出問題，要求父母回答。這些稀奇古怪的問題，有的非常可笑，解答起來也很費事，有時就會令人煩心。不過，爸爸媽媽絕不可以拒絕回答孩子的提問。

正因爲他們是天眞的孩子，所問的事情當然不合邏輯。不過，只要我們回過頭來想一想，我們掌握的知識也包含很多可笑的東西，因此大人沒有理由嘲笑孩子，不論他們提出什麼問題。不但如此，我們還應該認眞、親切地回答他們。要是你笑他，他會因爲害羞而不再張口。孩子獲取知識的最好方法就是提問，我們應該充分滿足他們對知識的要求。如果碰到難以回答的問題，可以先向他人請教，也可以自己進行一番研究。絕不可以胡亂解答。

孩子的父母和長輩不可以欺哄他們。因爲要是被他們知道了，父母們就會失掉他們的信任。父母失去了孩子的信任，後果眞是不堪設想。另外，大人欺哄孩子，他們就自然學著欺騙他人。我碰到過這樣一位父親，他洋洋得意的對人誇口說：「**我兒子將來肯定是一個大政治家。**」別人問他爲什麼，他說：「**前天，我看見他把碗櫥裡的菜吃光了，把殘渣抹到貓的嘴上。**」這樣的父親，簡直是不可救藥。可以肯定，這小孩的欺騙行爲肯定是從他那裡學來的。

還要強調一點，大人不可以逗弄孩子，因爲受到戲弄的孩子，很容易變得不知羞恥、粗暴、心地陰暗，甚至變得毫無人性。由於小時候受父母的戲弄，長大以後犯罪入獄的人可不在少數。

家庭應當是孩子的樂園。冷酷家庭的產物是不良少年。可是，這並不意味著對孩子放縱。一個家庭應處處注意禮儀，不應自由放任。家庭應是充滿笑聲、歡樂、愛的殿堂。只要孩子是在愛的懷抱中，教養就很容易進行。哲人狄得羅說：「**把世界變成樂園，這是人類的義務。**」我想這樣說：「**把家庭變成樂園應該是做母親的義務。**」對孩子來說，家庭應像古代詩歌中所描述的那樣，是這個世界中最美好的地方。

第四篇

蒙特梭利的

感官教育

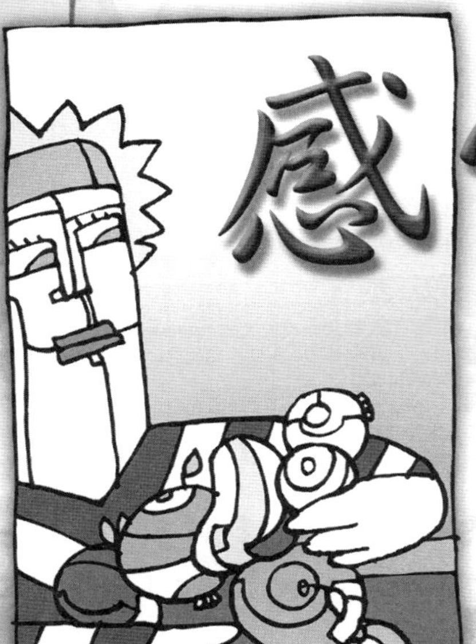

蒙特梭利的一生

瑪利亞．蒙特梭利於西元一八七〇年八月三十一日出生在義大利安科納地區的基亞拉瓦萊。她的父輩是貴族後裔，她從小就受到了良好的家庭教育。

瑪利亞．蒙特梭利五歲那年，全家遷往羅馬。在那裡，蒙特梭利開始了她的求學生涯。二十六歲時她以最優異的成績，成爲義大利第一位女醫學博士，之後進入羅馬大學精神病診所任助理醫師。

在此期間，她接觸到了智障兒童，對他們也由幫助解決生活困難，轉而開始研究智障兒童的治療及教育問題。

一八九八年，蒙特梭利在義大利都靈的教育會議上發表演講，她因提出了「兒童心理缺陷的精神病主要是教育問題，而不是醫學問題。」的獨特見解而引起了醫學界和教育界的震動。教育部長隨即任命她爲國立特殊兒童學校的校長。爲了了解孩子們的需要和增進孩子們的智慧，蒙特梭利爲學校的同事和羅馬的教師們預備了一套對低能兒童的「特殊觀察法」，並且還研製出了各式各樣的教具，幫助開發孩子們的智力，兩年以後，這些智障兒童們不但會讀會寫，而且還通過了當時羅馬地區為正常兒童們舉行的公共考試。她的成績引起了舉世震驚。

但是蒙特梭利並未陶醉於自己所獲得的成就。她想，既然缺陷兒童經過合適的教育可以達到正常兒童的智力，那麼正常兒童就能達到更高的水準。

他們的智力發展，要嘛是被抑制或被不正當的教育法所貽誤了，要嘛是開始得太晚了。她覺得，人類未來的幸福和世界和平的希望，寄望於大多數正常兒童的身上，於是她毅然接受了新的挑戰。

一個偶然的機會，在羅馬建築公會的支援下，她得到了研究和驗證提升正常兒童智力的機會：一九〇七年一月六日，第一所「兒童之家」在羅馬的貧民窟桑羅倫多區成立。

蒙特梭利研製了能夠促進心智發展的種種教具，來開發孩子們的潛能。她應用在六十位三至五歲小孩身上的方法，很快獲得了驚人的成果。在歐洲各報章雜誌對兒童之家生動的報導與描述之後，來自各國的參觀者絡繹不絕，譽為奇蹟。接著，倫敦、瑞士、荷蘭等歐洲國家，紛紛效仿，並邀請蒙特梭利前往開設師資培訓課程。

一九一二年蒙特梭利訪問美國，受到各界的歡迎。她的教育法在舊金山博覽會中的展示得到了大會唯一的兩面金牌獎。一九一三年美國蒙特梭利教育協會成立。以蒙特梭利的名字命名的學校達到了二百所之多。

爲了滿足各國的需要，一九一九年後，蒙特梭利在不少國家開設了每期半年、招收各國學員的國際訓練課程班，親自傳播她的教育方法。

在此期間，蒙特梭利先後發表《蒙特梭利幼稚教育科學方法》及《高級蒙特梭利方法》等作品。並相繼在義大利、荷蘭、英國出版。一九一四年蒙特梭利應美國教師、家長和教育家的請求而寫作發表了《蒙特梭利手冊》。

她的著作思想，概括起來包括幾個方面：

一、孩子喜歡「工作」甚於遊戲。

二、「獨立」是兒童成長的主要目的，也是成長的必要條件，孩子們渴望擺脫大人的擺布和干涉，而自己發展他的生命。

三、孩子能夠自由選擇所能、所喜的事物來探索，才會有興趣學習，也才能產生學習意願。

四、「適應環境」是幼兒一切智慧成長的原因。

五、兒童在智力的發展上，有各種官能的「敏感期」出現，在特定的敏感顯露期內，官能如果能夠得到「及時的」滿足，就會快速的發展。

六、獎懲對幼兒的學習有害無益。

蒙特梭利所認爲，教育的最終目的，是讓孩子的行爲和思想趨向正常，成爲一位具有自信心與安定感、誠實、愼重、品格優良、富於正義感的孩子。

這種思想構成了蒙特梭利的教學基礎，並由此產生了舉世聞名的蒙特梭利教學法。一九五二年蒙特梭利逝世於荷蘭的努特維克，作爲一個偉大的教育家，她爲了兒童的智力開發，奉獻了她畢生的智慧和心血。

舉世聞名的兒童之家

在羅馬的聖羅倫斯區內，有一條文拉姆街是有名的貧民窟，這裡的人多半是失業者，或低薪勞工、乞丐、妓女，以及剛出獄的犯人。造成這種結果的原因，或許該歸咎於社會貧富畸形發展。

羅馬不動產協會爲了挽救聖羅倫斯區日益貧民化的危機，擬定了房屋改建計劃，試圖將這個落後、貧窮的區域，建造成合乎現代化、衛生與道德標準的新社區。新社區成立後，孩子的教育問題便是其中最棘手的難題。由於住在這裡的家庭父母通常都需外出工作，孩子留在家裡沒有人照顧，他們於是到處亂畫牆壁、弄壞東西，甚至喜歡惡作劇。羅馬不動產協會爲了維護那些受損物，必須支付許多修理費用。

該協會的負責人看過蒙特梭利的一篇論文，覺得她應該適合這項工作，便出面邀請蒙特梭利，並提供一間大房子作爲這些兒童的教育場所，取名爲「兒童之家」。

對蒙特梭利來說，「兒童之家」的設立意義重大。因爲在這之前，她一直苦於沒

有機會將自己的教育理論用到正常的兒童身上。當時義大利政府的規定是，年滿六歲的小孩子都必須送往當地的公立學校就讀。「兒童之家」的成立，才使她有機會實際從事正常兒童的教育。

她自己也說過：**「七年來，我一直有一種想法，那些成功運用在智障兒身上的教育方法，必然也能適用於正常兒童，而且，效果一定更好。」**

「兒童之家」的成立，便可以驗證她的這個想法。

由於她的薪水及教育經費有限，無法像一般學校那樣擁有齊全的設備，她就以有限的經費訂制了一些適合小孩子用的椅子。此外，蒙特梭利還親自爲這些正常兒童設計了一套與智障兒童不同的教材。就這樣，第一所「兒童之家」在羅馬的貧民窟桑羅倫多區正式成立了。

「兒童之家」的成立，解決了家庭社會化的問題。因爲在經濟發達、婦女外出工作日益增多的情況下，孩子無人看護，通常是家庭裡最苦惱的事，而「兒童之家」的成立，正好解決了這個煩惱。

關於「兒童之家」實施的教育方法，蒙特梭利做了以下說明：爲了讓孩子在身心方面都能獲得均衡發展，除了注意孩子在生理上的發育外，另外也要從教育學的立場研究其個別差異，讓他們接受語言練習，使其從事有助於感官訓練與生活禮儀培養的一些基礎工作。

蒙特梭利在「兒童之家」運用自己的教學方法，展現了相當驚人的成效，再加上歐洲各報章雜誌對「兒童之家」的精采報導，因而引起了旋風般的參觀熱潮，來自世界各國前來「兒童之家」參觀的訪客絡繹不絕。

一九一八年，英國倫敦州立教育委員會在獲得此項消息後，也派出代表哈奇遜夫人前往考察。哈奇遜夫人爲了深入了解蒙特梭利學說，以便回國後提出報告，還曾就讀於蒙特梭利門下。還有一個英國人叫巴特拉姆佛加的航海家，在前往澳大利亞的途中經過羅馬，在參觀了「兒童之家」後，他深受吸引，在第二次造訪時他終於決定留下來。學成後，他回到英國，設立了「蒙特梭利會」，協助推廣蒙特梭利教育法。並設立了第一家蒙特梭利教學班。

不僅在英國，在世界各地，所有實施蒙特梭利教學法的地方，也都得到了良好成果。一對澳大利亞的姐妹，在閱讀了蒙特梭利的新方法之後，甚至典賣了所有家當，遠渡重洋來到羅馬學習。澳洲新南威爾斯區也受到其影響，將該區所有的幼稚園都更名爲「蒙特梭利學習班」。

孩子教育的黃金時段

據大腦生理學家們提供的資料表明：人類的腦細胞大約有一百六十億個，這個數目從一出生時就已經固定了，終其一生並不會改變。

但是，嬰兒腦細胞功能恰似一張白紙，要有外界足夠的聽、視、觸覺等感官的刺激，才會漸漸發達，刺激得越多，發達得也越快。但是，這種快速發展的時間並不會持續一生，它只存在於出生後短短的幾年之中，其中又以○至三歲之間爲最佳階段。

智力和性格，從出生到三歲，就已經完成了六十%，而且這三年具有天才般的吸收能力。到了六歲，腦細胞的組織完成了八十%，這一時期必須以遊戲化的學習方式教導，在音樂、語言、文字或者繪畫方面，才會有明顯的進步。到八歲時，腦部的發育達到了九十%。也就是說兒童入學時，智力大致上就已經決定了。年齡愈小，培養愈容易，效果愈好；年齡愈大，培養愈費力，效果也就愈差！

有鑒於此，蒙特梭利提出了在當時極爲超前的想法：生命的開始既是始自受孕的

那天，幼稚教育也該從那一天就開始（胎教）。

她主張以「感官訓練」，來開發潛能。設計出了符合兒童不同階段的各類教具，使兒童借著親自操作的機會，提高智力。

蒙特梭利認為人類的學習始自感官（視、聽、味、觸、嗅等五覺）的直接接觸，例如一生出來就會吸吮，並喜歡以手去摸東西，因而，增加智力的第一步就是訓練孩子的感官機能，使之變得更加敏銳。

幼兒期教育的重要性超過其他時期，在這一時期它埋藏著成人思維與行為的一切秘密。然而在現實生活中，人們對幼稚教育極不重視。幼教工作者的素質，又不受重視，這就延緩了人類的發展速度。

近年來，由於科學技術的進步和大腦生理學家的研究，證明了蒙特梭利所說「兩歲以前更重要」的理論是正確的。

樂於工作的孩子們

在蒙特梭利看來，工作是人類的本能與人性的特徵。她聲稱在「兒童之家」發現了一件令人驚訝的事實，即：兒童竟然「樂於工作」。兒童喜歡操作教具，並從教具中得到滿足與樂趣，毫無厭惡與疲倦的表情。她說：「兒童的『工作欲』正象徵著一種『生命的本能』，在順利的環境下，工作這種本能會自然地從內在衝動中流露出來。」她認爲，兒童的工作與成人的工作性質不同，它有以下特徵：

一、遵循自然法則，服從內心本能。

二、須獨立完成，無人可替代或幫助完成。

三、喜歡重覆。

因此當孩子專心致志地工作時，你千萬不能認爲那是毫無意義的，其實他是在做著一件神聖的事。就蒙特梭利的幼稚教育來說，「工作」的目的是訓練孩子的手眼協調，做事聚精會神，並體驗「獨立」的滋味，而且能有秩序地完成一件工作。同時也借著四肢的活動，使孩子的人格、智慧與體能得到發展。即便孩子在玩泥巴，你看到之後都應該高興。雖然他手上、臉上、衣服上都髒，但他的內心卻乾淨純潔。孩子聚精會神地玩泥巴，是他有內心的需要，需要有東西，讓他們的雙手不斷地活動，接觸事物、體驗感覺同時發展智慧。

或許剛開始，他想捏成一匹馬，可是你怎麼看也只像一團稀巴爛泥，那是因爲他手腦並不能完全協調。經過一段時間，你可以發現，他已經會運用方法，東補一塊、西捏一點，似乎已經有些馬的雛形了。

三個月後，他也許突然對剪紙感興趣，那表示他的「內在需要」又導引他往另一個眼、腦和小肌肉協調的發展途徑去了。蒙特梭利認爲，幼兒期的各種感覺練習及日常生活技能練習等自發性活動，都算是工作。工作這時發揮的作用，是將傳統教育中根本對立的兩個概念——「自由」與「紀律」有機地聯繫、統一起來。換句話說，工作可促進非壓迫、非強制的紀律的形成。蒙特梭利還具體分析了工作之所以能促使紀律形成的原因。

其一，從生理的角度講，工作有助於兒童肌肉的協調和控制。她認爲，兒童能遵守紀律，其實意味著他們具有正確支配自己行動的能力，而幼兒最大的困難這種能力的缺乏，通過各種工作可起到協調、控制肌肉的作用。其次，從心理的角度講，工作有助於培養意志力。兒童服從紀律的先決條件是他應具備一定的意志力。因此，意志和心靈的形成必須先於服從，使兒童全神貫注於作業則是培養意志的一個途徑。在工作過程中，對意志的激發和抑制的能力就可得到發展。

另外，工作有助於培養獨立性。即能自我支配，依靠自己滿足自己的欲望和要求。蒙特梭利認爲，如果使兒童沉浸於工作，使他們學會「依靠自己」，從工作中獲得樂趣，滿足自己的欲望，這樣，兒童專注於自己的工作，沒有妒忌，沒有爭吵，良好的紀律就體現出來了。蒙特梭利還認爲，只要兒童自發地工作，在工作中他會學會尊重他人的工作權力及懂得「善」和「良好的規範」。

所以澳大利亞教育家康乃爾認爲：自由、工作和秩序是蒙特梭利爲兒童營造世界的三大支柱。

編製兒童喜歡的教具

在現代生活中，玩具成了孩子必不可少的夥伴，但是玩具並不能給孩子們的智力帶來任何幫助，它幾乎成了家長推卸職責和孩子消磨時光的秘密的合約。但是蒙特梭利所發明的「教具」卻具有特定的教學作用，她針對人的各種感官，專門設計了各種有獨創性的教具。這些感官教具根據其用途分爲不同的種類，每一類教具基本上都由若干零件組成。所有零件除了它的大小、重量、色彩有差異外，它的性質是相同的。比如，關於重量的教具，所有的零件均同質、同形，只是每個零件之間存在量的差異，以便使兒童通過操作這套教具，訓練對重量感覺的敏感。每種教具各訓練一種特殊的感覺，蒙特梭利要求在訓練時，應盡可能排除其他感官的干擾，以便使所要訓練的感官得到的印象盡可能純正和清晰。比如，爲了訓練觸覺，要求兒童將眼睛蒙上，或者在暗室中操作觸覺的教具，以便排除視覺的干擾。

蒙特梭利認爲：只有集中精力，全神貫注地工作，這種工作或教育才具有最大的發展價值。

教具具有教育孩子了解大小、輕重、高矮，乃至最大、次大至最小，讓孩子能產生「秩序」感的教育特質。這種特質不只顯現在教具的本身，也涉及周邊的一切行動。比如使用者必須有秩序地取下教具，有秩序地歸位等。在這樣教養下的孩子，長大了就會尊重「長幼有序」等社會倫理。

而玩具製造者的目的卻只是想利用小孩子的好奇心，賺媽媽手中的錢，而媽媽們爲了暫時免除孩子的糾纏，也就不惜破費買回家去。但用不了多久，就成了廢物被棄置一旁。

據統計，蒙特梭利的教具有三百四十九種之多，對於這些教具，蒙特梭利曾公開表示，她更喜歡把它們叫做「工作材料」。因爲它的主要作用，是供給孩子做成長「工作」時所用的「材料」，是兼具增進智力和改善性格的目的，所以在使用者的心中，必須非常明白：它不像老師手中的那根教棒，它是讓孩子在其中「自我教育」、「自我啓發」的物品。

蒙特梭利教具不選用五彩雜陳的色澤，而是以樸實、乾淨的色調爲主，以突顯教育的特性。

由於教具的目的，是爲符合兒童的內在需要，所以在大小、尺寸上，只以兒童的能力為考慮範圍。

每項教具都有能夠吸引小孩子的因素，例如粉紅塔木頭的重量、顏色，聲音等等。

每項教具的單獨和聯合使用，都有其步驟和順序才能完成。無論在設計上或者在使用方法上，都是由簡單到複雜，其主要目的是增強培養孩子了解步驟，重視秩序。

在設計上，具有控制錯誤的特性，可以使小朋友自行發現錯誤而能自行改正，例如：粉紅塔有十塊，最小的一塊是一公分的正立方塊，最大的一塊為十公分的正立方體，所以最大塊與次大塊剛好差一公分。在堆完塔後小朋友可以拿起最小的那塊，量一量各塊之間的差距。

在蒙特梭利寫的教具手冊上，詳細地寫明了教具有動手教育、感官教育、語言與知識、自由、書寫、閱讀、做算術和品德教育等八項內容。美國人為方便陳述，又將它們歸納成以下四項：

一、日常：例如穿、脫鞋子、衣服等。

二、感官：例如聽音樂、看顏色等。

三、知識：例如拔草、澆花等。

四、禮貌：例如打招呼等。

日常教具：關於日常教具的教育的目的，蒙特梭利認為，主要在於訓練感官能力和肌肉活動兩者之間的協調。因為對幼兒來說，動作的平衡會促進智慧上的發育，而且手眼的協調也為他們將來的寫字畫圖能力作了準備。比如說想要寫字，就需要手部小肌肉發育起來，而在蒙特梭利的日常生活教育上，就包括了小肌肉的練習，時日一久，自然水到渠成。

感官教具：這類教具的範圍包括視、聽、嗅、觸、味、溫、壓、辨認立體以及色彩等各方面的感官訓練，將顏色、氣味等抽象的感覺帶入具體實物，用以激發孩子認知的敏銳性，為進一步的教育目的立下根基。

例如：「嗅覺瓶」練習辨別氣味濃淡及各種氣味間的感覺不同，讓孩子經由親自的體驗而有清清楚楚的辨認能力。這項教育的作用是：

用合理的方法，直接幫助感官本身的發展；進一步讓嬰幼兒會自動地觀察和思考；培養他們對環境卓越的觀察力。

語文教具：蒙特梭利主張在孩子出生時，大人就應該提供一個充滿語言與文字的環境，比方，從小就不斷地對他說話；大約在孩子會走路以後，就在孩子用的毛巾上寫上他的名字等。

兒童有主動學習的能力，應該在他的生活環境中爲他預備一些培養孩子書寫能力的教具。

例如常見的「砂紙字板」，是讓孩子用手指去觸摸砂紙中的字型，利用這種間接練習，養成他頭腦對眼力和肌肉間的協調能力。

數學教具：蒙特梭利認爲人類的學習過程，是由簡單到複雜、具體到抽象。所以在面對「數學」這種純抽象概念的知識時，唯一讓孩子覺得容易學習的方法，也只有以具體、簡單的實物爲起始。讓孩子們在親自動手中，對實物的多與少、大和小，求得了解。

從印度狼孩看成長環境

一九二〇年，在印度的東北部發現了兩個女狼孩，大的八歲，小的兩歲，因爲從小與狼一同生活，她們的生活習性完全與狼一樣了，甚至連聲帶也發生了變化；夜晚常常不睡覺，只是不斷地吼叫；不會站著走路，只會爬行，耳朵亦如狼耳那樣會動，一切的生活方式均顯示出不能適應人類生活的情況，其中大的那位女狼童，活到了十七歲，中間雖經過九年人類文明的教導，但仍舊無法改變其生活習性。這個事例，使我們發現了環境對小孩的影響，遠比遺傳重要。

在教育上，後天良好環境的影響能夠彌補個人先天的不足。

對個人成長而言，個人的成長一定要與環境相適應，如果不能相適應，人的基本能力便無從發展甚或消失，嚴重的甚至會導致不能生存。

萬物想要生存，就得適應環境。

沙漠的駱駝，爲了適應早晚溫差大的氣候，生理上就發展出各種特殊的器官。而

人類呢？我們以語言能力一例來說明本能的適應現象。例如母親不希望孩子講粗話，小孩子居然朗朗上口，完全是他自己從環境中學來的；一個生長在英語系國家的孩子，他家附近住了許多墨西哥人，孩子的父母不懂西班牙文，而孩子卻能說一口流利的西班牙文，那也完全是他從環境中自然學得的。

蒙特梭利也曾以一個例子來說明這種關係：「**例如有些小孩一生下來，母親即撒手人寰，那麼小孩所學會的東西很明顯的不是經由母親所教的。**」

假如能提供兒童一個非常豐富的學習刺激的「環境」，那麼就能保證兒童智慧成長的速度和品質。

蒙特梭利科學的幼稚教育，推翻了以往以大人爲中心點的教育觀念，眞正地實踐了以孩子生命力爲活動中心的教育目標，所以它是一種新的教育。蒙特梭利以她科學的客觀觀察，發現了兒童獨特的生長秘密，也發現了「成長」實際上是一種綜合性力量的結果，以「環境」、「教師」與孩子之間的相互作用，幫助孩子正常發展。

蒙特梭利受盧梭的影響，認爲兒童不僅具有肌體，還具有一種內在的生命力。兒童的生命力「是一種神奇的東西」。

蒙特梭利還指出，人們面臨的一個重要問題，就是「他們沒有意識到生命有自己的發展規律，兒童具有一個積極的精神生命」，因而「有意無意地壓制」兒童，在教育上採取了一系列錯誤措施。長期的教育經驗使蒙特梭利堅信，環境對人的智力、心理的發展舉足輕重。

她說：「把頭等重要性歸因於環境，這形成了我們教育方法的基本出發點。」

準備一個良好的環境

在蒙特梭利看來：「環境就像人類的頭部，影響著孩子整體的發展。」蒙特梭利教學法包含了四大要素：環境、教具、教師和兒童。

蒙特梭利認爲，教育的目的是使每個兒童的潛能在一個有準備的環境中能得到自我發展的自由。

兒童的內在潛能是在環境的刺激、幫助下發展起來的。蒙特梭利指出，舊的教育只包括教師和兒童兩個因素，對於環境是不重視的。新的教育應當重視有準備的環境，因爲現代人的生活環境對幼兒並不適宜。一個孩子出生後要適應這樣的世界，取得經驗，就需要成人的幫助。

怎樣爲兒童預備環境呢？蒙特梭利認爲，對於新生嬰兒而言，最好的環境就是父母本身。母親必須餵養子女，當她出門時不應單獨將他們留在家中。她認爲嬰兒唯有與父母相處，仿效其言行，才能成長而適應世界。

對於三歲以後的兒童，蒙特梭利則主張為其提供一個能激發其活動動機的預備環境。她所謂「有準備的環境」主要是針對三至六歲的幼兒而言。根據自己開辦「兒童之家」的幼稚教育實踐經驗，蒙特梭利對這個有準備的環境提出了以下的要求：

一個有規律、有秩序的生活環境；

一個能提供美觀、實用、對幼兒有吸引力的生活設備和用具；

一個能為幼兒提供感官訓練的教材或教具，促進兒童智力的發展；

一個可讓兒童獨立地活動的時間；

一個能引導兒童形成良好習慣的規範。

蒙特梭利曾經說：「所謂『兒童之家』是指能夠供給孩子發展機會的環境，這種學校並沒有一定的規格，可以按經濟情況與客觀環境而定。不過它必須像個家。」也就是說，不能光是一兩間同樣大小的教室，必須有幾個房間，有庭院，院子裡有遮風避雨的設備——孩子可以在戶外活動，讓他們放些自己喜愛，自己照顧的小花、小草、小動物。

比如說它附近有綠樹成蔭的花園，兒童們可以在樹下遊戲、工作和休息。它還有專門為兒童設計的工作室和休息室。工作室置有長玻璃櫃和帶有兩三格小抽屜的櫃。玻璃櫃很矮，兒童可以輕鬆自如地到櫃中取放各種器具。在櫃子裡，每個兒童有他自己的抽屜，用以存放個人物品。牆的周圍掛有黑板，兒童可以在上面繪畫寫字。還貼有兒童喜歡的各種圖片，並經常調換內容。休息室則是兒童彼此交談、遊戲和奏樂的地方。此外，飯廳和更衣室都按兒童的特點和需要布置。在這樣的環境中，兒童是主人，他們按照興趣自由地活動著。每天的活動時間從上午九點到下午四點，包括談話、清潔、運動、用膳、午睡、手工、唱歌、照料動植物，以及各種感官和知識的訓練、學習等。兒童的學習、工作可由自己安排掌握，不受規定時間的限制。

由此可見，蒙特梭利所謂的「有準備的環境」就是一個符合兒童需要的眞實環境，是一個供給兒童身心發展所需之活動、練習的環境，是一個充滿自由、愛、營養、快樂與便利的環境。

讓人驚訝的感官訓練

蒙特梭利教育方法的一大特色就是重視幼兒的感官訓練和智力培養。

蒙特梭利重視感官教育主要是基於以下原因：

第一、兒童正處在各種感覺的敏感期，應該使感官得到最充分的發展。

第二、感官是心靈的門戶，感官對智力發展舉足輕重。

蒙特梭利認爲，兒童在進入「兒童之家」以前，已吸收和積累了大量雜亂的經驗，而正確的智力活動是建立在清晰的概念之上的，故整理經驗應是智力發展的第一步，這也需要通過感官教育才能辦到。

第三、蒙特梭利早期從事特殊兒童教育時形成了一個基本信念，即「智力低下不是醫療問題，而是教育問題」。她認爲通過感官教育，可以對某些因感官存在缺陷而影響心智發展的兒童進行及時補救。

蒙特梭利的感官教育主要包括視覺、聽覺、嗅覺、味覺及觸覺的訓練，其中以觸覺練習爲主。

她說：「幼兒常以觸覺代替視覺或聽覺，即常以觸覺來認識周圍事物，因此更應該重視觸覺。」在是否讓幼兒學習讀寫算的問題上，一般的心理學家認爲，幼兒期的主要任務是獲得生活經驗，及通過活動、遊戲等形式去發展各種能力，不應過早學習文化知識。與此相反，蒙特梭利認爲，三到六歲的兒童已具備學習文化知識的能力，這種能力是與具有吸收力的兒童心理特點一致的。教育者應當利用這種能力，爲兒童準備適當的教材、教具，並提供正確的學習途徑。

在「兒童之家」，蒙特梭利打破常規，將寫字的練習先於閱讀的練習。她認爲文字的書寫關鍵在於握筆，即肌肉的控制能力，因此，主要通過觸覺的訓練就能循序漸進地過渡到書寫練習。蒙特梭利識字法的漸進程式大致如下：

第一階段，練習執筆，訓練兒童的肌肉機制和握筆能力。同時也爲繪畫練習做準備。

第二階段，掌握字母的形體。又可分爲三個步驟：

一、通過視、觸、聽覺相結合的練習，了解字母形體。可以從砂紙上剪下大型的手工體字母，貼在方形的硬紙板上，讓兒童把視、摸、描和發音結合起來。

二、辨認字母的形體。即當兒童聽到某個字母的發音時，能從教師所給出的一些字母中辨認出該字母的形狀，並選出來交給教師。

三、記住字母的形體。教師可將字母放在桌上，幾分鐘後，再問兒童：「這是什麼？」以使兒童鞏固記憶。

蒙特梭利認爲，通過上述步驟，兒童可以掌握字母。當兒童熟悉字母後，就可以給兒童執筆臨摹字母。

第三階段，練習組字和詞。由於義大利文的拼寫和發音十分接近，因此對兒童來說並不困難。蒙特梭利認爲兒童由於通過多次的觸摸等活動，知道字母的形狀，很快就能「爆發」出寫字的欲望和能力來。蒙特梭利認爲兒童的這種舉動不是爲了執行任務，而是服從內部的衝動。在「兒童之家」中，據說四歲的兒童毫不費勁地就學會了寫字，這在當時曾被視爲奇蹟。

掌握了文字書寫的技能之後，兒童再轉入閱讀學習。閱讀教學及算術教學也都遵循由簡單到複雜的程式，有時可採用生活中的實例，但主要的途徑仍然是各種感官教具。

蒙特梭利經過實驗，證明所有兒童都具有學習讀、寫、算的能力，遺憾的是人們並未認識到六歲前的幼兒已進入學習的敏感期，並否認他們有學習讀、寫、算的可能，這就嚴重影響了兒童的發展。

很多其他國外教學法都不在幼稚園階段教孩子識字、做算術。但蒙特梭利教學法則不同，它使用多種作用於感官的教具循序漸進且科學地教孩子閱讀，並在算術、自然知識等方面打下紮實基礎。有能力的孩子還可以接觸到很多頗爲高深的內容，比如：平方、立方的概念，太陽系九大行星等自然與物理知識。

用動作造就和諧的個性

蒙特梭利認爲動作是生活的基礎，動作練習具有發展智力的目的。如果兒童在每個發展時期都能夠從事適合其自然需要的，既動手又動腦的特殊工作，就可以造就和諧的個性。因此蒙特梭利把手腦結合的工作作爲教育的關鍵和指南。

但是教育孩童「動作」是極其困難的，因爲兒童動作的特徵就是雜亂無章的。

一般說來，大人對付這些舉止所說的話是：「不要亂動。」但是，兒童正是試圖從這些動作裡將有益的動作組織起來。因此，我們必須停止把孩子搞成靜止狀態的命令。

蒙特梭利認爲，應該對他們的動作注入規則與秩序，促使他們早日學會眞正想做的動作。這也是兒童在這個年齡該完成的教育目標——訓練肌肉。一旦孩童有了方向，動作有了明確的目的，孩童便會滿意地安靜下來，成爲一個熱切積極的工作者。

蒙特梭利的感覺訓練、讀寫算的練習，在一定程度上是通過動作練習實現的。它們屬於蒙特梭利教育體系中「發展的練習」。另一類練習則爲日常生活訓練。

日常生活訓練的重要目的，是在人格形成上，培養出孩子的獨立、專心、協調、秩序等等習性。而這些練習也可以培養社交能力，比如說：活動室裡的蒙特梭利教具只有一套，所以當一個孩子在玩倒水的工作，另一個孩子也想玩時，他就必須「等待」。更如禮貌、問候等日常生活常規也包括在這項練習中，提供了孩子相互交流，彼此配合的機會，促使他們從中了解社會行爲。

在「兒童之家」裡，蒙特梭利設計了不少諸如練習走路、正確的呼吸、說話乃至開抽屜、開門鎖、繫鞋帶、看書等一系列的專門教具。她要求兒童在練習時應掌握要領，力求準確、迅速地完成動作。爲此還可將較爲複雜的動作進行合理的分解，指導兒童有分有合地進行練習。她要求兒童進行的每一種動作，不僅要達到動作的目的，還要注意達到目的的方式。

蒙特梭利還主張兒童應多到大自然中從事自由活動。她認爲兒童在自然環境中進行的園藝活動有以下的益處：

其一，可使兒童脫離人爲生活的束縛。

其二，符合兒童的興趣，有益於兒童的健康。

其三，能練習動作的協調。

其四，可發展兒童的智力。主要表現並可訓練兒童的感覺、觀察力，識別事物的異同，激發他們探求事物發展內部原因的求知欲。

其五，可以發展預見性。她認爲幼兒所想的只是眼前的事物，而不考慮未來。但當他們通過園藝活動，知道動物需餵養，植物應澆水，否則就會餓死或枯萎時，他們就將過去與未來聯繫起來了。蒙特梭利認爲這種情況並非成人提出要求的結果，而是自動發生的，也屬於一種自動的教育。

爲了指導手工，蒙特梭利選擇了捏陶土，自行製作小磁磚、花瓶以及磚塊。這些工作可以借助於簡單的工具，譬如鑄模。兒童的成品上釉，然後放入熔爐內燒烤。兒童自己學著將這些閃閃發光、繪有各色圖案的白磁磚或彩色磁磚沿牆排列，或者用灰泥及鏟子將小磚塊鋪滿地板。兒童也可以挖地基，然後用磚塊建造牆或是給小雞蓋個房子。

蒙特梭利主張兒童在學習寫字前，先要學習繪畫，以作爲基礎，故她將繪畫稱爲寫字的「間接法」。具體作法是：首先準備各種立體的圖形作爲教具，讓兒童用手觸摸圖形的輪廓，再將形體放在紙上，要兒童將輪廓勾畫出來，最後用色筆塗滿所繪輪廓。

蒙特梭利認爲三到六歲的幼兒正處於鍛練肌肉的重要時期。爲幫助兒童的肌體得到正常發展，應該爲他們設計各種體操練習。她認爲此時最主要的體操練習應是走步。走步首先要學習保持身體平衡，爲此她根據兒童的生理特點設計了一種包括直線、橢圓形線與八字形線的平衡練習。

走線練習是在一空曠的地板上，用粉筆或油漆畫一條線。也可不畫一道直線，而畫兩個同心的橢圓形。教師教導兒童，像個走繩索的特技表演員般走在線上，將一隻腳放在另一隻腳前方。爲了平衡，他們會像眞正走繩索者一樣使出全身力氣，只不過他們不需擔心有任何危險，因爲線是畫在地上的。教師要先示範，兒童清楚怎樣移動腳步了。一開始通常只有某些兒童跟著教師做，等到示範做完了，教師便可以走到一旁去觀察。

蒙特梭利利用節奏練習來促進兒童動作的協調，發展節奏感。練習的第一步是要兒童在音樂中走路、跑步和跳躍。第二步是使兒童按樂調做出不同的節奏動作。最後發展到由兒童自由表演各種優雅的動作。開始練習時兒童只是亂跑亂跳，經過多次練習後逐漸具有了強烈的節奏感，並可隨著各種音樂節奏起舞。

除了這些，蒙特梭利還非常重視生活能力的培養，它不僅讓孩子掌握了一些生活技能，還能讓孩子們發現自身能力與信心。

請幫助我，讓我自己做

每次演講時蒙特梭利總會提到這麼一句話：請幫助我，讓我自己做。

幾乎所有的父母對子女呵護得很仔細，這當然體現了父母的愛心，但蒙特梭利看來卻阻擋了許多孩子自我成長的機會。

孩子一出生，生理的各項功能尚未健全，心智也還沒有成長，當然無法獨立生存，他必得靠著親人的照料，提供給他生存的必需品，才能一天天長大，他一步步地會爬、會走、會跳，渴望脫離大人的擺布，使用自己的雙手去觸摸這世界，以自己的雙腳走向自己想要去的地方。

蒙特梭利以此提出了「獨立成長論」，她認爲生命要成爲一個獨立的個體，況且要求能自己走路，能自由呼吸……而這一切，是他人無法替代的，正如母親不能替至愛的孩子呼吸一樣。

但是因爲成長的道路漫長，除了自己會隨著年齡，逐序發展的自然因素外，父母幫助兒童學習，即是重要的輔助因素。但是幫助必須適當，否則就不利於成長。比如說看孩子摺手帕的動作很慢，母親忍不住搶過來幫他摺。這種行爲就很殘忍，因爲你不但剝奪了孩子學習的機會，而且，也剝奪了他的自尊。所以在這裡，「獨立」也變成了一種大人對小孩的態度，即「放手」，請讓孩子自己做！他所做的，雖然很慢很蠢，但那是一項神聖的工作！幫助孩子獨立的要訣，應該是「最少的指導，最大的耐性和最多的鼓勵」！蒙特梭利堅信兒童期絕不是進入成年期之前的一個過渡階段，他們處於旺盛的成長過程中，正繼續不斷地變化，他們的潛力無窮。

了不起的求知欲

蒙特梭利認爲，人和動物都在適宜的環境中自然生長和發展。但人並不能像動物那樣一生下來就充分表現出自己的本能，並做到動作協調。人的本能是在生活中逐漸顯現出來的，是通過自己和環境交往的經驗建立起來的。

剛出生的嬰兒，生理與心理上的功能都不成熟，就像一張白紙，不能和小雞一樣剛剛出生就會啄食。

他剛一出生，對這個世界一無所知，爲了面對世界，爲了適應環境，會有一種特殊的「力量」來幫助他。這種特殊力量會幫助他從複雜的環境中，自動地選擇成長所需要的事物。況且會使孩子主動地嘗試、摸索、了解和學習。這是一種與生俱來的敏感力。

可是這種內在的敏感力並不能持續很久，到了六歲以後幾乎就減弱了。蒙特梭利認爲幼兒這種自然吸取和創造性的敏感力是成人所沒有的，兒童在幼年期所獲取的一

切將保持下去，甚至影響一生。她要求教育者和教育機構必須爲兒童提供盡可能豐富的精神食糧，供兒童吸收，並且認爲這種需要如同生理胚胎期的胎兒需要母腹這樣一種特殊的營養和保護環境一樣重要。

大人在面對一項新的事物時，可以借用舊經驗來學習。而孩子從完全黑暗的母體，來到這個全然陌生的世界，沒有任何經驗，智力也還沒有成熟，他的求知欲就像照相機的感光底片一樣，將外界的印象全部攝入，然後轉化成自己的東西，也就是從無到有的快速累積、儲蓄。

然而這種潛意識的攝取，大約到三歲以後，便會轉變成有意識的吸收。也就是三歲前創造出功能，三歲後這些功能會開始快速發展。兒童就是以這種能力，奠定智力的基礎。

對孩子不能用獎勵和懲罰

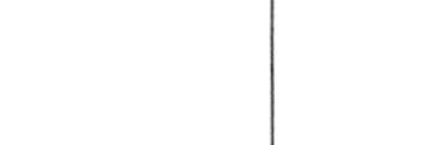

以前，蒙特梭利認爲好的孩子就該得到獎勵、壞的孩子就該受到懲罰，但她在「兒童之家」發現的一件事徹底改變了她的想法：一天，教員對一個做了錯事的孩子施予處罰，讓他坐在一張椅子上，孤立於教室中央；對另外一名表現極好的孩子給予獎賞，把一枚繫著白絲帶的銀色十字架掛在他的胸前。因爲這個表現極好的孩子來回走動，那枚銀色的十字架掉到了地上，那個做了錯事的孩子拾了起來。對那個表現極好孩子說：「你知道你掉了東西嗎？」

那個表現極好孩子卻漠然地望著獎牌回答說：「我才不管呢！」

那個做了錯事的孩子小聲地說：「你眞的不要嗎？那我就戴上了！」

那個表現極好孩子回答說：「好吧！隨便你！」

於是，那個做了錯事的孩子高興地坐在椅子上欣賞十字架的光澤和美麗的外形；而那個表現極好孩子仍舊做著他自己的事。那個做了錯事的孩子從十字架上得到滿足

感，卻毫無羞愧之心；而那個表現極好孩子從工作中享受快樂和滿足，無視於獎賞的價值。

蒙特梭利發現經常受鼓勵的小朋友，他的人格是建立在自信心上的。但是懸賞式的獎勵，卻會以名利為衡量的標準影響到他將來的價值觀。

如果孩子經常受到處罰，那麼他的聽話完全是因為怕挨打挨罵。並且他會缺乏自信，人生也就沒有什麼希望可言了。

這些問題的原因在於以往的教育不管是獎賞或是處罰，都是以大人為中心，想要小孩接受大人的安排，才有如此手段。相反地，一切的事情假如經由孩子自己去選擇，所有的情況便會改觀。

紀律不能通過命令獲得

「自由」是蒙特梭利教育法的基石。在蒙特梭利看來，強制的教法，對兒童學齡前的兒童有害無益，同時，蒙特梭利認爲「自由」是生命的基本人權。

在「兒童之家」，蒙特梭利用這種自由的教法對孩子進行訓練，所獲得的結果是很令人驚喜的，因爲孩子顯然很愛做這些練習，從動作中所表現出的鎭靜、井然有序，更勝過要求他們盡善盡美，因爲前者已使他們具有「優雅」的舉止。這種出自內心的紀律感及整個班級所表現的守秩序，是蒙特梭利教育方法最令人吃驚的結果。

當然蒙特梭利的自由教育並不是放任。她是以孩子能「獨立」爲前提的重視「秩序」，所以「秩序」不但是教育的重要原則之一，也是日常生活遵循的法則。

蒙特梭利說：對孩子應該以教育他們能獨立爲前提，允許兒童按照自己的需要自由地去選擇「工作材料」，自由地進行「工作」。

蒙特梭利說：「這樣做並不難，你只要保持一種尊重孩子的態度，使孩子在獲取

經驗時，有完全的自由就可以了。」

在「兒童之家」，自由與秩序是一種完美的結合，孩子可以自己決定玩什麼，玩多久。可是，這種自由是有前提的，孩子必須遵循一定程序。比如，把一樣東西收拾好，然後再玩下一樣。有了秩序，才能保證自由活動有效進行，教室裡不會亂作一團。如此一來，孩子們因爲有了充分的自由空間，他們的能量就有了正當的去處，就不會破壞秩序了。蒙特梭利認爲，兒童的生命潛力是通過兒童的自由活動表現出來的。蒙特梭利對傳統教育對於兒童的自由活動的限制和壓抑給予猛烈的抨擊，他說：「在這樣的學校裡，兒童像被釘子固定的蝴蝶標本，每個人都被束縛在課桌椅上」。對於傳統教育用懲罰或獎勵來威逼兒童服從紀律的作法蒙特梭利也進行了批評。

蒙特梭利提出，眞正科學的教育應該給學生以自由，即允許兒童按其本性自由活動。對兒童的自由活動採取何種態度，是區分教育優劣的關鍵。

爲了有利於兒童的自由活動，蒙特梭利在「兒童之家」精心布置了一個給兒童以充分自由、便利的活動場所。蒙特梭利認爲，允許兒童自由活動，這是實施新教育的開始。在自由活動中，兒童體驗到自己的力量，這正是激勵他們發展的最大動力。

對於紀律，蒙特梭利的回答是：「紀律不可能通過命令、說教或任何一般的維持秩序的手段而獲得。」

一切想直接達到紀律的目的都是不能實現的，眞正的紀律對於兒童來說必須是主動的，只能建立在自由活動的基礎上。因此她大聲疾呼：「活動，活動，我請你把這個思想當作關鍵和指南。」

充滿敬意地看著孩子成長

蒙特梭利教育的原則是以尊重孩子爲前提，從促進兒童身心發育角度去設計教學，爲孩子一生中最初的智慧與品格。

蒙特梭利在對於孩子的觀察中，注意到了生命自然成長的事實。她發現，兒童在出生以前，就具有了發展的預定計劃，由於這個計劃從生命的一開始就已存在，正如雞蛋會變成雞，人的受精卵會要變成胎兒，變成人。所以她稱未出生之前的兒童，爲「精神和肉體胚體」。「胚體」在卵受精的那一時刻，就含有了「未來成爲人」的這一大自然的「預定計劃」，於是「預定計劃」也按著大自然訂下的步驟，產生了自我實現的活動，不斷地自我活動，完成了偉大的生命。

而大人能做的，只是爲孩子提供一個良好的學習環境，任由孩子在其中去自由地選擇，不受干擾地滿足他的內在需要，使生命能夠自然地發展，一步一步建構成一個完美的大人。

這些成果的獲得，與教師在兒童學習發展過程中的適當介入有極大的關聯。在「引導」孩童時，老師必須讓他們不太感覺自己的存在，這樣，若有需要，教師可以隨時幫忙，而不會成爲兒童與經驗間的阻隔物。

一個教導一般用法的課程，會冷卻孩子對知識的狂熱，就如同它會冷卻大人的狂熱一般。保持這份狂熱的活躍其實並不難，只要以一種尊重、鎮定及等待的態度來看兒童的行爲，只要兒童能在他的經驗裡及舉止動作上無拘無束。

然後，我們將會注意到兒童都有他想要開展的性格：他有原創力，他選擇自己的工作，依著內在需求而堅持或改變工作；他不怕付出，而是尋求機會付出，並且興高采烈地盡力克服困難；他的合群是要與大家分享他的成功，發現他小小的勝利。因此，並無必要介入太多。

我們應該在一旁等待，並隨時準備與孩子分享愉快與承受困難。如果他需要我們同情，我們應該樂意回應。我們應該帶著無比的耐心去對待他緩慢的進展，用熱忱和高興去迎接他的未來。

我們都希望自己工作時不被干擾，努力時沒有障礙，需要朋友時他們能及時得到幫助，但是同樣，兒童也是人，也需要尊重，尤其他們前途無量，更該受到尊重。

但是，通常我們並不懂得尊重我們的孩子。我們明知他們模仿的本能夠大，他們很崇拜我們。但我們還要強迫他們順從。我們壓抑著他們，甚至態度粗魯。如果我們希望他們的心仁慈，我們就使用那麼多的慈愛去對待他們。所謂慈愛，是指揣摩他人的希望，順從他們，甚至必要時抑制自己的欲望。這就是我們必須對待兒童的方式。對於生命，我們知道的不多。孩子成長爲大人是借助一種神聖的力量，在這個奇妙的過程中，我們所做的幹預必須是輔助性的，教師在提供了這個生命在發展過程中需要的幫助之後，必須充滿敬意地等待兒童成長。

對於這個成長著的生命，我們應該當個安靜的觀察者，這就是我們全部的使命。也許當我們在觀看時，應該記住耶穌所說的那句話：「小孩子受了多少苦，才到我的跟前來。」

HARVARD BOOK PARENTING

第五篇

鈴木鎮一的音樂教育

指揮大師的眼淚

一九五五年的一個晚上，世界著名的維也納藝術學院合唱團到日本松本音樂學院演出。在一個家庭宿舍式的小樓裡，合唱隊員們發現有三十名幼兒和小學生用小提琴演奏巴哈創作的《洛第協奏曲》。

這一刻，合唱團的成員們都顯露出了驚訝的神色，他們萬萬沒想到，巴哈創作的這首極難演奏的曲子竟會從這群可愛的孩子們手中的小提琴中流淌出來。

驚奇突然變成了熱烈的掌聲。接下來孩子們又合奏了兩三個曲子。合唱團的指揮者達皮特教授說：「奇蹟，眞是奇蹟，太難以想像了，這回我想聽一聽前排小孩子們的獨奏。」當時被點的孩子是小學一年級的學生。他拉了巴哈創作的協奏曲《協奏曲第一號E短調》，拉得非常的出色。

接著又點第二個人的名字，這次是最年幼的一個，她拉了維瓦特創作的《G．莫爾協奏曲》，同樣精采。

合唱團的成員們對孩子們的演奏都充滿無限的喜悅和激動。這些成員們與指揮者都並排站在鋼琴的旁邊說：「讓我們一起唱吧。」

頓時裝著美麗的合唱隊和優美的伴奏聲使松本音樂學院的破舊大廳變成了盛大的家庭音樂會。

一九六一年四月十六日，而在東京文京公會堂的舞臺上，四百名五到十二歲的孩子們手持小提琴，排著整齊的隊在等待著二十世紀誕生的最偉大的藝術家——大提琴演奏家卡扎斯先生的到來。

卡扎斯先生一走進會堂，看到舞臺上排著整齊隊伍的四百個孩子，他激動地高高地揮著雙手入席。與此同時，舞臺上一齊奏起了《閃閃星星變奏曲》。

「好！——好！」

他一邊驚嘆地睜大眼睛觀看，一邊連連不斷地發出讚嘆之聲。當孩子們演奏起波巴魯德和巴哈的《兩首小提琴協奏曲》時，卡扎斯的激動之情達到了頂點。這位音樂界的前輩被感動得哭了，眼裡充滿了淚水，話都說不出來了。演奏結束後，他給孩子們作了熱情洋溢的講話。稱這是自己「親眼見到的前所未有的最令人激動的場面……」

這麼多年幼孩子們的合奏，簡直如同一人獨奏的那樣和諧。究竟是誰創造了這個令全世界關注的奇蹟呢？他就是日本著名教育家和音樂家鈴木鎮一先生。

音樂打開了一扇憧憬的大門

一八九八鈴木鎮一先生生於名古屋。父親鈴木政吉，經營著當時世界上最大的生產小提琴的工廠，政吉爲人誠實，從不斤斤計較，對事物總是熱心而不懈地鑽研。去世以前，他一直都在從事新產品的研究，並獲得過二十一項專利。鈴木政吉這種對產品的追求和研究的熱情以及努力的態度，對鈴木鎮一的人生產生了很大的影響。

鈴木鎮一是在小提琴工廠裡成長的，他們兄弟之間在打架，都常把小提琴作爲打架的武器，童年時候的小提琴對他們來說，只不過是一種玩具。

中學進入了名古屋市立商業學校後，鈴木在暑假裡開始在父親的工廠裡幫忙。在勞動期間，他記住了小提琴從機械、手工、塗漆到最後完工的全部工藝過程，並深深感受到努力工作的喜悅和幸福。可是，他並沒有機會體會到小提琴發出的美妙動聽的聲音。

他對音樂的感悟是在商業學校畢業前，家裡那一台裝著把手、發條和喇叭的留聲機經常發出休貝特的作品《阿貝．瑪麗亞》。鈴木年輕的心完全陶醉在那種優美動聽的聲音裡，他被那種天鵝絨般的柔軟曲調所震驚。過去曾被認為是玩具的小提琴竟能發出如此美妙的聲音……

《阿貝．瑪麗亞》打開了鈴木一扇憧憬的大門。雖然他還不知道為什麼如此入迷？但那種美感能力正在不斷升高。

於是，鈴木從工廠取回一把小提琴，用艾爾曼的錄音帶反覆聽自己好似已能聽懂的海頓的作曲《小步舞曲》，並在發音上下了一番苦心。在沒有樂譜的情況下，為拉好這首曲子，他每天操弓練習「摩擦」。不久，總算拉出了聲音，他為自己在拉小提琴上取得了一定成績而感到欣慰，他開始對小提琴更加喜愛了，而且對音樂更加迷戀。

一次外出旅遊，遇到一位叫做德川的先生，他勸鈴木：「**你與其在工廠工作，不如正式學音樂……**」可是父親卻是想讓他協助管理工廠，鈴木陷入了兩難選擇之中。

在德川先生的勸說下，鈴木政吉同意讓兒子鈴木學習音樂。從此以後，鈴木的命運出現了意想不到的轉機。

第二年春天，二十一歲的鈴木就上東京接受幸田先生的妹妹安藤幸田的小提琴入門教育。他住在德川官邸的一間屋子裡，於是有更多的機會接觸到了德川先生和許多來訪者。如教物理的寺田寅彥先生，講聲學的現田琴次先生等，此外還有其他的學者和朋友。

安藤幸田每周給鈴木上一堂小提琴課，除此這之外，他還到弘田龍大郎先生家，請他教樂典或到田邊尙雄先生的住宅，請他教音響學。

鈴木在東京生活了一年的時間後。便跟隨德川先生乘著開往馬賽的名叫箱根龍的豪華船到世界各地旅行。並決定赴德國好好學習，當時鈴木才二十二歲。

每當談到這段人生歷史時，鈴木先生總是頗爲動情：「這並非自己開拓的命運，我總覺得有一股無形的力量在推動著我向前進，這種力量就是德川先生的巨大愛心。我不管純樸心也好，個人愛好也好，每天都爲出國旅遊、學習而努力。另外，總是教我成爲純樸人的托爾斯泰先生也開拓了我的命運，給我指明了前進的方向。」

在柏林住旅館的三個月期間，托爾斯泰每天晚上走著去參加音樂會。從著名的演奏家到初露頭角的演奏家，他都會不加選擇地一個一個地聽他們演奏，並從中爲自己找到了恩師——克林古拉先生。

儀表堂堂的克林古拉先生有四十歲左右，他總是給人親切的感覺。他經常教鈴木的不是技術，而是音樂的本質。以亨德爾的奏鳴曲爲例，他不僅熱心地給鈴木講解亨德爾是如何以崇高的宗教感編寫這首曲子的，而且還親自演奏一番給他聽，對關於人與藝術間的關係問題也不厭其煩地進行指教。能受到這種具有高尚人格的先生的親切指導令鈴木感到無限的高興。

克林古拉先生的朋友們也都是些傑出人物，常常邀鈴木去參加他們主辦的家庭音樂會，這對鈴木來說，是很好的學習機會。

鈴木對自己的演奏才能不抱什麼希望，他並不想當一名演奏家，只是想懂得什麼是藝術的問題。克林古拉先生在這方面幫了他的大忙，鈴木從那裡學到了藝術精神。

在柏林生活期間，鈴木有幸被朋友介紹認識了著名的科學家愛因斯坦先生，接觸到世界第一流學者及其周圍的傑出人物，並與他們建立了友好感情。後來，鈴木毫不猶豫地把他的相對性理論作爲推進音樂教育的理論基礎。

愛因斯坦不僅是一位著名的科學家，而且還是人人皆知的小提琴演奏家，無論他到哪裡都拎著小提琴，眞是愛不釋手，不論是巴哈創造的《恰空舞曲》，還是自己擅長的曲子，他都拉得非常的出色。他的手指動作像流水般的輕飄，小提琴發出的聲音又是那樣的優雅、溫柔。他如實地、無言地向鈴木表明，學習音樂將對人類起到更多的作用。

在柏林學習的八年間，鈴木體會到了生活在這樣的具有高度智慧和善良的人們中間是幸福的。而且他也從藝術中領悟到人生的意義。

小提琴教育法轟動美國

鈴木留學回國以後，松本的文藝界中產生了想在松本創建音樂學院的想法，這種想法是以聲樂學家森民樹先生爲主提出來的。

森民樹先生派人找到鈴木，讓他幫助創辦松本音樂學院。對此，鈴木回答說：「我對辦音樂學院興趣不大，我關心的是幼兒的教育，即照我的新思想和方法去教育孩子們。經過多年的研究，我對如何通過拉小提琴去開發和提高孩子的能力充滿了堅定的信心，因此，我打算今後致力於這方面的教育，如果贊成我的意見，我可以在這方面協助做些工作。」

松本方面接受了鈴木的條件，請鈴木通力合作。開始階段，鈴木每周去松本一次。不久便在人們的熱情幫助下搬到了松本。

就這樣，鈴木開始以松本音樂學院爲中心開展起才能教育運動。並在全國範圍內成立了教育支部。無論是總部還是支部，全都是免試招生，接納任何一個想學習的孩子。之所以免試招生，也是基於這樣的認識：才能不是天生的，任何一個孩子，只要經過不斷努力都可以發展成材。

鈴木的教育方針是：「**去培養孩子美好的心靈、敏銳的感覺、優良的能力。**」老師們都按這個方針，力圖通過家長和老師的共同努力，把孩子培養成高尙的人。

在鈴木看來，實施才能教育的目標就是努力培養孩子的純潔心靈。只有促進純潔心靈的發展，才是提高孩子能力的最佳途徑。

鈴木的才能教育獲得了巨大的成就。不僅在日本造成了很大的影響，而且還轟動了美國。昭和三十九年，鈴木先生率自己的學生一行十九人赴美國進行了三周的巡迴演出，被美國媒體評價爲：「**鈴木發起的小提琴教育法革命。**」全美也掀起了才能教育運動，而且比日本開展得更爲廣泛、更爲深入。

在這以前，美國普遍認爲，小提琴的學習必須到八至九歲才行，否則是學不好的。在親眼看到了包括二～五歲在內的日本孩子們竟能演奏出難度很大的巴哈協奏曲，人們十分震驚。

日本國內，在鈴木等人的共同努力倡導下，才能教育也開始超越於音樂教育的範疇，向傳統教育滲透了。

抱著「**每個孩子能力的成長，都有一種培養方法**」的信念，鈴木先生在松本市郊區的小學嘗試用「鈴木教學法」，進行國語教育，對一年級一個班的四十名學生進行了三年的實驗教育。

無論是國語還是算術，大家都在教室裡反反覆覆地練習學過的東西，而且每天逐漸增加訓練內容。通過每天訓練，在國語方面，當一冊學完時，每個孩子都能合上書背誦如流，並能準確無誤地寫出來，當然不考試，也不留作業，只是每天讓孩子們記日記。

算術也是同樣，每個孩子都能迅速準確無誤地寫出答案。

在實驗教育過程中，沒有出現過一個孩子掉隊，就是連三個數都數不清的孩子，竟會變為發揮出色才能的孩子，但這個現實未受到重視。

為了進一步發揚光大才能教育法，鈴木先生寫成了一本書——《早期教育與能力培養》，對才能教育進行了理論總結，概括起來包括以下幾個要點：

◆採用靈活的培養方法，任何孩子的能力都會提高；
◆為孩子提供受最高水準教育的可能性；
◆若在幼兒時期培養能力失敗，那就無法挽救了；
◆生命力是培養一切能力的原動力；
◆教育越早實施，其效果就越好；

◆在反覆訓練過程中能培養優越的能力；
◆培養能力的好壞與大小是由教育工作者的素質優劣決定的；
◆教育培養能力，光教不能培養能力；
◆創造更加優越的環境條件。

盲孩子也能拉小提琴

弄清才能教育法這一概念，首先要知道什麼是能力。在《早期教育與能力培養》一書中，鈴木先生表達了一個堅定不移的信念：能力是生命機能的別稱。也就是說，人的生命力適應環境條件會發揮出強大的力量，這種力量通過訓練會產生能力。

每個人都具有強大而旺盛的生命力，否則就不能在社會上生存，從這點來看，能力得不到培養的原因有兩條：存在著抑制旺盛生命力的環境條件；沒有促進旺盛生命力得以訓練和提高的環境。

人的生命力即人的生命活動，只不過是一種單純的本能的衝動，它只有通過鍛練，本來面貌才得以體現，能力才會產生。

很多人認爲，嬰兒比其他剛出生的小動物顯得軟弱。嬰兒一個人是無法站立的，並且還不能自己去吃奶，育兒時，需要更多的照料，因而有人便得出了人的生命力是軟弱的這一結論。鈴木認爲，這個結論是完全錯誤的，他認爲處於軟弱狀態的嬰兒，

反而具有更強大的生命力。

當媽媽一時忘記餵奶，嬰兒就急得哭叫著要奶吃。僅就這一點可知，嬰兒是想以旺盛的生命力活在這個世界上的，嬰兒越是幼小，其生命力就越強。

隨著孩子不斷長大，直接的生命力相應地就發揮不出來了，而只能靠適應社會環境的能力求得生存，與此同時，應該被開發出來的能力也不斷受到社會環境的種種限制。

因此，鈴木認爲，幼年時期的旺盛生命力絕不能抑制，要通過鍛練不斷提高能力，這一點顯得越來越重要。而不能簡單地說因身體虛弱而嚴格鍛練，若是這樣，生命力就會受到抑制，只能產生「健壯」的機體。

在鈴木所教育的學生中，有一個雙目失明的男孩子，父母希望通過音樂給這孩子帶來一點光明。鈴木當時是很想滿足他的要求，可是他不知怎麼指導這個孩子，所以沒有立即表示同意。

到了晚上，鈴木終於有了頭緒：「對呀！不妨先使自己處於盲人一樣的狀態。」想到這裡，他不由得從久坐的椅子上站起來，關上了電燈。

頓時，屋裡一片漆黑，伸手不見五指。在這黑暗中，孩子應以什麼作爲行動目標呢，怎樣才能給他提供行動的線索呢；鈴木邊想邊摸索著從箱子裡取出小提琴和弓，輕輕地試拉起來。

在拉琴過程中，他不覺得有什麼不自由，在黑暗中，弓和弦以及間隔位置都十分的清楚「可見」。於是，鈴木確信，不用眼睛，只要把小提琴和身體溶爲一體，黑暗中的弓柄就會「看得見」，這就是孩子學會拉小提琴的重要條件。

就這樣這個盲孩訓練拉小提琴的計劃開始了。孩子用手拿起弓柄，用弓頂住手指，使弓上下左右移動……僅「掌握」弓的訓練就進行了好幾十次。那個盲孩子在這十分艱苦的磨練中，增強了對弓的感覺，終於這個孩子「看見」了弓和弓柄。

在此基礎上，這個孩子開始學拉小提琴，一年之後，經過驚人的努力，這個孩子與普通孩子一樣，能拉各種曲子了。

因此，鈴木得出這樣結論：正確觀察或判斷事物的能力，不是眼力，而是作爲開發整個身體能力的內心感覺，眼力只不過是培養人的內心感覺的一部分而已。只要有生命，誰都有開發正確判斷事物的能力，即使身體及其他感覺器官有缺陷，但在孩子生命中還蘊藏著不斷彌補其缺陷的各種能力的可能性，其可能性引發不出來，應該歸咎於教育工作者的無能。

培養出孩子非凡的才能

一九四五年是鈴木的才能教育運動的開始，最初只鈴木只是想在音樂方面證明「能力不是天生的」這一觀點。鈴木認爲要教育孩子在音樂方面達到某種高深而優秀的程度，就要使孩子的大腦充分活躍起來，由此而獲得的優秀能力，必定在其他方面也會反映出來。

每年各種才能教育訓練的畢業生共有一千三百名左右，其中，在小學生裡演奏高等科所學曲目，即巴哈的小提琴協奏曲和義大利協奏曲（鋼琴）的學生約五百名。

經過對這些在音樂上取得成就的孩子在學校的學習成績進行調查發現，這些孩子的成績同樣相當不錯，他們幾乎都是班上或成績優秀的學生。也就是說，掌握了音樂技能的學生們，在學業上也會發揮出出色的能力。

另外，一項對幼稚園的才能教育訓練班畢業幼兒（六歲）進行的智力測驗來看，結果令人吃驚的是，他們平均的ＩＱ（智商數）都是在一百六十左右，而適齡智商應

該是一百。因此，鈴木認爲，能力和智商二者之間存在某種相關性。

他說：「能力就是本身所具備的才能，不論通過什麼方法獲得，只要是實際的能力，不管做什麼它都會作爲生命的機能在起作用。」

鈴木舉例說：「當對孩子問：『知道嗎？』便回答『知道。』當問：『會嗎？』的時候，則便回答：『不會，』像這種情況都不是能力，知道什麼叫親切，但是不能做到親切待人時，也不能說是具備了這種能力。」

「即使有很多知識，但是沒有靈活運用的實踐能力。這只是徒有虛名，而沒有能力，在現行的教育制度下，要單看孩子在學校的成績，是不能判斷「是否有能力」的。在這一點上，具有演奏小提琴和鋼琴方面實際能力的孩子，學校的成績確實可以說反映了眞正的能力」。

因此，鈴木指出，既然要從事音樂工作，就要通過有效的方法愉快地培養出孩子們非凡的才能來。

讓才能變得格外出色

在培養孩子的才能時不能過分講求速度。一味地向前進，反而有危險。當一種能力確實得到培養時，才能向下一階段前進，如果忽視了這一點，那就會被那些雖然進度慢，卻紮實而穩步前進的人超越過去。由此可見，能力的培養並不取決於前進速度的快慢。雖然這麼說，但也「不要停滯不前」，不論任何人只要不急不躁，有堅忍不拔的毅力默默地前進，都一定會達到目的地的。

能力的培養如同酵母慢慢發酵一樣。每個人所處的條件不同，其各種能力都各有一定的成熟期，因而，其速度快慢與能力大小完全是兩碼事。所以對能力的培養，不管怎麼急也得耐心等待。能力的培養雖肉眼看不見，但其內部也在不斷地發生變化。因此，並不能因爲急於求成而採取拔苗助長的方法。

當能力還未達到成熟時，就想進入下一個階段。這種驕傲自滿情緒或急於求成的做法，會使好不容易含苞待放的能力枯萎下去。

有不少感覺靈敏的人一開始就接連不斷地前進，總覺得不十分滿足，並說：「速度越快越進步。」

其實不然，鈴木認爲：「在能力培養過程中，應使人們感到容易。」這才是培養能力的秘訣。

有人常說：「與能力開發相關的是向比自己實力更高階段的能力的挑戰。」這種說法也是不對的。這種說法也許會給能力提高帶來某種刺激，但卻不能採用這種培養方法。所謂能力，正如學會Ａ之後再學比學會Ｂ之後再學Ｃ，學會ＡＢＣ之後再學Ｄ那樣，每個階段都包含著以前已經掌握的一切能力，並使其不斷向更高水準發展的能力。

在許多情況下，一首曲子能用小提琴拉了，其他曲子也就能一個接一個地拉下去，而且說這個曲子會拉，那個曲子會拉，任何曲子都能輕而易舉地拉，但拉得出色的卻很難。如果這樣持續拉上幾年，只能成爲一名低能的，平凡的演奏者，到那時後悔已經來不及了。

這不單指的是音樂，其他方面也是如此。凡是已經掌握熟練的能力都應不斷向更高階段發展，從而使自己的能力變得更加完善。更加出色。即使一流的體育運動健兒也得要千錘百煉，不斷努力才行，以期使自己的能力達到更高理想的境界。

溫暖的家庭是最佳的環境

孩子從出生那天起，就在一個社會環境下生存，每一個孩子的培養都離不開父母，零歲嬰兒的教育自然是從父母創造出的環境中開始的。

培養孩子的能力是地球上所有父母義不容辭的責任，父母所創造的家庭環境，是培養孩子能力的最重要條件，除此之外，沒有比家庭再好的條件了。

孩子的身體在生命的作用下迅速發育。同樣，孩子的所有能力也是在生命的作用下，在家庭成員相互接觸中得到提高的。

嬰兒在與家庭成員的日常接觸中不斷理解人的心情，增強感覺和掌握習性，他不分善惡美醜，所以他只有通過家庭日常活動，而使自己的能力得到提高。

爲了盡量把孩子培養成爲心地純良、感覺敏銳和能力強的人，家庭日常生活應該是歡樂的、充滿愛心的，這是首要的條件。創造夫妻之間互相尊重、互相幫助的良好家庭環境乃是實施幼稚教育的出發點。

鈴木認為，孩子的能力是「天生的」或「固有素質」的說法都是沒有道理的，對此，大腦心理學這一新的學說也做出了有力的證明，這一學說認為剛出生的嬰兒腦子裡好像一張白紙一樣，空空的，但在以後每天生活的刺激下，腦細胞逐漸聯結起來，形成了能力。

所有孩子的能力都不是從天上掉下來的，而是適應環境條件培養出來的。無論是出生於西方國家的，還是出生於東方國家的孩子；無論出生於非洲國家的，還是出生於澳大利亞的孩子，他們的能力都是根據各自的國情、傳統文化和風俗習慣進行培養的。

這些國家的各個地區又有不同類型的父母以及家庭環境，他們培育著與這些環境相適應的千差萬別的孩子。

每個事物的發展有其因必有其果，孩子的培養也是一樣，在良好的環境裡會把孩子培養成為善良的感覺敏銳的人，而在惡劣環境裡會把孩子培養成為非善良的、感覺遲鈍的人。這樣一來，有人會說：「我們很難創造出那樣良好的環境。」其實不然，只有愉快的、溫暖的家庭才是培養孩子能力的必不可少的最佳環境條件。否則就談不上什麼優越環境了。那些只在外表上裝飾得漂漂亮亮的家庭不能算得上是一個能培養好孩子的家庭。

豐田耕兒的音樂之路

豐田耕兒是鈴木鎮一先生的學生，他是一個孤兒，後來是鈴木「音樂才能教育法」使他成爲了世界上一流的音樂家，他是鈴木鎮一教育法的最成功的實證之一。

一九六二年，留學德國柏林的耕兒給鈴木先生寫了一封令人驚喜的信：

敬愛的老師：

我終於來到了盼望已久的地方。您從前住在柏林的什麼地方？這地方我好像在什麼時候夢見過似的……來後覺得有一種親切感，柏林大街上的建築物新穎別緻，我在這裡雖感到有點孤獨，可是感到這裡與別的地方不一樣，這裡的人們高尚而有禮貌。

昨天我接受了考試，獲得了柏林交響管弦樂團小提琴首席演奏家稱號，樂團的指揮者是弗里克塞，在德國他是與卡拉揚、庫貝利克並駕齊驅的人。

現在我擔心的是，我能否勝任這項工作呢？

祝您健康

衷心愛您的豐田耕兒

一九六二年九月

豐田耕兒的來信使鈴木先生又驚訝又高興，自日本開始有了西洋音樂以後，日本人連作夢也沒想到今天能在歐洲獲得如此殊榮，人們深知柏林交響管弦樂團的實力。要想獲得此殊榮須具備如下條件：具有很高的音樂靈感；具備很高的演奏水準；具有很高尚的人格。三項條件缺一不可。剛過三十歲的耕兒已被公認爲具備了上述條件，正因爲如此，他才戰勝了歐洲眾多的候選者而中選。

豐田耕兒專心走的這條藝術之路，正是一條所有優秀藝術家們所崇敬的道路。

豐田耕兒家原來住在濱松，鈴木在名古屋時曾指導他學拉小提琴。昭和初期，因鈴木遷居到了東京，所以他們全家也搬到了東京，其目的是想讓耕兒跟鈴木學琴。

豐田耕兒三歲時，在鈴木的學生們於東京日本青年館舉辦的演奏會上，用小提琴進行了演奏。在這當中，三歲的耕兒拿著小提琴，在父親吉他的伴奏下，演奏了德沃夏克的《幽默曲》。

演出後的第二天，日本的某一大報紙在社會版面上還刊登了豐田耕兒演出時的大幅照片，以《天才兒童出現了》爲題，進行鋪天蓋地的報導。

豐田耕兒在年幼時，拉小提琴已經成了他日常生活的一個部分。當時還談不上對琴喜歡不喜歡，這如同日本孩子學日語那樣，它與所謂喜歡不喜歡毫無關係，他是每天聽著音樂唱片長大的。

戰爭期間，耕兒的父母相繼去世，鈴木先生收養了他。

來到鈴木家之前，豐田耕兒在洪松生活了三年，這一期間他每天在叔叔的酒館裡幫忙幹活，這三年的環境，大大改變了豐田耕兒的成長方式，他常常會有些叫人不滿意的行爲，家裡有人開始抱怨他。面對這一情況，鈴木與家人商量，認爲不應抱怨他，而應該培養他，努力創造一種高尙、禮貌的環境來影響他。相反，如果大家一味地抱怨和責備他，那麼就會使他的人生誤入歧途。

就這樣，過了一兩年，豐田耕兒已和鈴木家人融洽地生活在一起了，就這樣過去三年養成的不良習慣已消失得無影無蹤了，他完全成長爲一個實實在在的好孩子了。鈴木以自己的留學歐洲的切身體會到，對年輕人們來說，通過接觸優秀人物會在潛移默化中淨化自己的靈魂，進而昇華自己的感覺，規範自己的行爲。在人格的形成上，這是最根本的條件。

出於這種想法，他爲豐田耕兒選擇了老師，即他所敬重的關屋光彥先生夫婦。徵得關屋先生同意後，鈴木讓豐田耕兒去他家學習，並請他的夫人續子教他英語。當後來確定他留學法國後，又請關屋先生教他法語。就這樣，豐田耕兒得以長期接觸關屋夫婦的美好高尙的人格。這對耕兒一生來說，也是最大的幸福。

人的能力是什麼？人的能力並不是先天就有的一種東西，而是後天培養形成的。豐田耕兒與健次是一對很要好的朋友，他們互稱對方爲「阿健」、「阿耕」，有一天鈴木收到日本廣播公司松本廣播電臺的邀請，希望去參加廣播演出。

這是一次好機會，鈴木便考慮作爲一種演奏能力測驗，讓他倆去演奏都未曾拉過的曲子——維瓦特的《E短調協奏曲》。鈴木了解他們的能力，唯一的問題是他們在那短短的時間內能不能記住曲子並掌握演奏的技巧。

在經過短時間的練習後，他倆信心十足地坐上了前來的接他們的汽車，他們並沒有帶走樂譜。結果他們的演奏大獲成功。

在鈴木看來，樂譜只不過是爲便於記憶而準備的參考材料，對自幼就在這種培養方法下長大的豐田耕兒和健次來說，他們想都沒想過把樂譜帶到播音室去。

不言而喻，豐田耕兒和健次都不是經考試錄取後培養的。鈴木認爲，這種驚人的能力並非只存在於特殊人的身上，什麼樣的培養方法將培養出什麼樣的人，豐田耕兒和健次只不過是這方面的一個例證。

爲了使豐田耕兒的才能進一步發揮，在他十九歲時，鈴木先生決定送豐田耕兒去國外留學，並拜著名的音樂家艾愛斯克先生爲師。

半年之後，在巴黎的音樂學院舉行了畢業考試。豐田耕兒僅半年就畢業了。對任何人來說，獲得巴黎音樂學院畢業證書都是值得慶賀的事。

接下來，豐田耕兒第一次拜望艾愛斯克先生。半年之後，正式拜艾愛斯克先生爲師了。在這位大師去世前的兩年間，豐田耕兒一直得到他的指教，豐田耕兒從這位藝術大師身上獲得的寶貴教益之多是人們難以想像的。

兩年以後，豐田耕兒雖失去了艾愛斯克先生，但他已成爲可以自己選擇導師的青年了。他自己選擇的導師是阿爾沃爾．格留米奧先生。布魯塞爾皇家音樂學校的教授，並且在舉辦演奏會和錄製唱片方面，都是當今歐洲公認水準最高的小提琴演奏家，豐田耕兒深爲格留米奧的高超演奏水準所傾倒，認定自己的導師非他莫屬。

格留米奧說自己有兩個最優秀的弟子，這兩個弟子都是日本人，而且都是小時候跟鈴木學習過的，兩個人中的一個就是豐田耕兒；另一個則是曾在慕尼黑國際音樂競賽中取得第一名的志日登美子。

音樂拯救了一位少女

在鈴木看來，才能教育既是對生命進行的教育，也是對旺盛的生命實施的教育。

在鈴木的學生中，有一位患有小兒麻痹的六歲女孩。她右半身活動不便，右眼斜視。拉一首曲子時，每當拉到結尾，她右手都控制不住，弓子總是脫手飛出去。

指導這個孩子的老師常常爲此感到頭痛，於是這位老師便對鈴木講了這個情況。當時鈴木只回答了一句話：**「老師和家長要堅持下去，直到孩子改過來爲止。」**

於是老師重新振作起來，堅定不移地繼續每天訓練她拉這首曲子，母親也不辭辛苦地爲孩子撿弓子。

功夫不負有心人，老師和母親的巨大愛心和孩子的努力終於獲得了成功。這個孩子右手的活動慢慢發生了變化，再拉這首曲子時，弓子不再飛出去了。

半年之後，她就會拉《閃閃星星變奏曲》了。通過半年的每日訓練，孩子的手還有了力量，形成了能力。依靠孩子、母親和老師齊心協力的努力，原先看起來不可能

的事，在堅持不斷的練習中變成了可能。是肉眼看不見的一點一滴累積的努力幫助培養了新的能力，最後終於形成了一種強大的能力。

當鈴木對他們付出的艱辛表示慰問時，孩子的母親說：「孩子希望能拉小提琴，哪怕只拉這一首曲子。由於老掉弓子，有時我把弓子緊緊綁在孩子手上……託您的福，這樣堅持練下來，現在已能拉一首曲子了，孩子也很高興……」

令人興奮的是，事情還不止於已能拉一首曲子，隨著不斷練習，這個女孩原先斜視的右眼也開始逐漸矯正過來了，就包括以前活動不便的整個右半身，也逐漸能正常活動了。

這個女孩的小兒痲痹就這樣徹底治好了，終於恢復了健康。通過潛能拉一首曲子所付出的努力，拯救了一位少女。

支配著人的一切的生命力一旦適應環境條件就會發揮巨大的作用。這個患小兒痲痹症的少女，通過拉小提琴促使了她的殘疾身體的活動，通過對樂譜的記憶促使了她的大腦的活動——正是由於她有了這種必要的身心活動，才誘發出她的生命力，並使其發揮出巨大力量。

在鈴木看來，我們儘管想盡一切辦法運動身體，但向身體本身的呼喚是無濟於事，只有向「生命」的呼喚才能使身體機能發生一些變化。

與生命力發生共鳴的能力就是作爲人生存的實際能力。只有培養出這種實際能力，孩子才會在諸領域裡都能發揮出卓越的能力出來。

生命是在不斷追求融洽和共性的。爲此，就需要有良好的環境條件和優秀教師，否則，用不了多長時間，生命就會去追求與惡劣的環境、惡劣的教師的融洽和共性了。

在大自然裡有太陽，有水，也有土。植物在這樣的自然環境中生長，長出寬大的綠葉，結出豐碩的果實，大自然裡便有了茂盛的樹林或森林，植物有植物的活動規律，因而也就產生了昆蟲、鳥類等一些食草動物，又是這些食草動物的活動促進了食肉動物的活動。在大自然界中還有山，山澗裡有清泉，因而形成河流，河水又匯入大海，在水中有又出現了浮游生物，它們便成了小蝦的食物，小蝦又變成了魚的食物。魚群在水中來回游動，形成了魚的活動規律。正是有了上述的這些動植物，人類才得以生存和發展。

大自然是一個龐大的循環系統，只要這個循環系統不停止，生命也就會永無止境的循環下去，我們每個人都處在這個大自然循環系統之中。脫離了這個系統，我們就難以生存下去。

因此要掌握大自然的活動規律，以便更好地生活下去。

我們的身體是大自然的一部分，我們的心也是大自然的產物，我們的身體和心同大自然一樣也是不斷循環的，從而形成了人的活動規律。

人們常說的「人之道」就是這樣的生命之道，如果人在絕路上徘徊不定的話，就會被不安所驅使，不久便會陷入危險的境地。

因此，說到底，無論到哪裡去都有聯通的道路可走。只有這樣，才會給人們帶來最穩定、並充滿喜悅的生活。

因此，鈴木認爲：「要十分重視旺盛生命力及其活動，從小就要開始不斷努力把這種生命力轉化爲能力。這樣一來，人的生活道路就會一往無前。」

開發孩子潛能的秘密

「無論誰都能出色地運用本國語」。鈴木經常以此來說明能力的幼芽在一切領域裡都能得到培育，最關鍵的一點是在於精心培養，其培養的內容和程度如何，也將決定其能力的大小。

英國的孩子爲什麼能那樣流利地說英語？法國的孩子爲什麼能那樣流利地說法語呢？這是必然的，然而也有費解之處。

任何一個國家的語言都有難度，它們內容複雜，不易掌握，但任何孩子都能流利地說本國語言，這究竟是怎麼一回事呢？

通過這種現象，鈴木認識到：所有孩子在本國語方面所顯示的優越能力，不是充分證實了他們每個人在其他方面也都具備向優越能力發展的可能性嗎？那種把能力視爲「天生的」、「固有素質」等的說法是站不住腳的。

鈴木認爲：**「我們過去沒有考慮過孩子向更大能力發展的可能性，也沒有對他們**

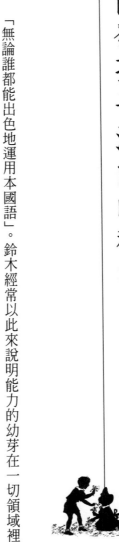

的能力進行正確的開發，結果失敗。因此，我們一直認爲這種失敗是『天生的』。『固有素質』造成的。對此，我們應該進行深刻的反省。所以，我們在本國語言教育中，提出了培養孩子能力的最重要的教育條件和方法。」

鈴木在年輕時代就發現本國語教育有問題，從那時起一直在探討本國語的教育，也就是後來所說的「才能教育」。

所謂本國語教育是指我們生活中慣用的語言教育。因此，在語言教學中，不斷增加和掌握新的詞彙，當掌握的詞彙量達到一定程度時，就可以有效地促進更大能力的開發，也就是說，通過加強能力教育可使孩子不斷提高能力。這是行之有效的教育方法。

國語教育至今一天也未停止過，人們卻能不付任何辛苦用它培養著孩子，也沒有一個孩子因討厭本國語而中途退學，更沒有產生優越感和自卑感。這些就是開發孩子能力的秘密所在，而在一般社會或學校裡，鈴木才能教育方法並沒有被採用。僅就學校來說，老師們只按部就班地進行教學，不管效果如何和能力是否提高，只一味地追求教學進度，結果就會壓抑了孩子潛在能力的發揮。

讓孩子接受最高文化的薰陶

有人問鈴木：「孩子的能力能培養到什麼程度呢？」鈴木對此有精闢的論述。他說：

在整個大自然環境中，人要與大自然諸方面發生關係，並取得協調發展。

愛因斯坦、歌德、貝多芬這些的偉人，若出生在石器時代的話，也大概只能被培養成爲具有石器時代文化能力的人。與此相反，若石器時代的幼兒由現在的我收養教育的話，大概不需要多長時間，那幼兒將會被培養成爲能演奏貝多芬創作的小提琴奏鳴曲的青年，若把今天出生的孩子能拿到五千年以後的社會裡進行培養的話，那麼就會變成五千年以後社會的人。

從廣義上講，時代的文化環境是所有人共有的。若從歐美、東方、國家、地區、市縣村和家庭方面來看，圍繞個人的文化環境是各種各樣的，不管任何人，只要經過努力都能獲得良好的文化環境，說得極端點，現在的日本人即使居住在山區裡也可得到那樣的文化環境。

人與大自然間的協調，不單純是與自然間的交流，正如有石器時代的自然、古代的自然、農業的自然、工業的自然那樣，對人類而言的自然環境則是隨著文化的發展而變化的。我們都已知道，關於狼孩的故事，人的孩子就是具有如此大的可塑性。因此，出生在西方各國的孩子、出生在東方各國的孩子以及出生在非洲各地的孩子們，在成長過程中，會分別適應各自國家或地區的不同文化。即使在這些不同的國家或地區裡，由於每個孩子父母的情況千差萬別，所處環境好壞不同，其成長結果也將千差萬別。任何事情，沒有因就沒有果。人的形象的好壞，心靈的美醜。感覺的不同等，全都是孩子的生命力適應環境而形成的。

鈴木反覆強調一點，就是不能根據孩子長大後的情況來談論「先天因素」，必須丟棄這種思想。要懂得一點，孩子被自然所賦予的是個未知數，他們身上具有很大的可塑性。只有如此，才能給孩子帶來眞正的幸福，給人類帶來明天的希望。當然，並不是說一切文化性的自然環境都好，其中有稀奇古怪的東西，也有公害。

自然破壞之類的東西。重要的是社會上的那些英才們已從過去那種昏迷狀態中清醒過來，爲文化性的自然環境貢獻了力量，增加了新的光彩。因此鈴木先生勸告父母要盡量讓孩子們接受最高的文化薰陶。

從黃鶯到狼孩

古時候，日本就開始有了讓黃鶯發出優美叫聲的訓練方法，這對鈴木來說也是一個很大的啓示。

從野生的鶯巢中捕捉幼鶯後回家，當幼鶯會吃食後，讓它練習啼叫。日本人的做法是將能發出美聲的名鶯借來，放到被捉回的幼鶯的旁邊，用一個月的時間讓幼鶯聽名鶯每天啼叫，並讓幼鶯模仿那個名鶯的叫法，尤其要注意不要讓它聽野馬的叫聲，否則就前功盡棄了。

這是最初的訓練，也是最重要的訓練，是以後的訓練中不可缺少的。

一個月之內，名鶯在幼鶯的旁邊每天叫，幼鶯則默默地聽著名鶯發出的優美的音色。幼鶯在這樣順應過程中，其生理上、機能上會不斷發生變化。

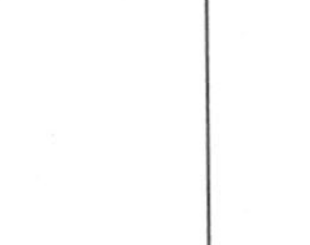

幼兒順應環境的能力強得驚人，順應環境而產生的生理反應。生命機能反應乃是一切生物所具有的自然現象。趁幼兒適應環境的能力強大時，讓他接受良好的教育，其教育內容將會深深地銘刻在他的腦海中，終生難忘。

黃鶯的例子，讓我們看到了生物形成能力的規律，說明人的能力並不是天生的，而是依賴生命力發揮作用，使自己適應所處環境來逐漸形成並掌握的。

一個孩子在狼群裡被狼養育，並在那兒長大，於是他便會形成了狼的生活習性，這就是適應環境而生存的自然法則。

這一事實，給我們許多啓示和教益，即地球上的所有孩子們，是如何保持並延續各自生命的，每個人是如何發展成長的。它深切地告誡我們：應該丟棄以往我們一直認爲人的頑固落後的思想，靈感、智慧以及行爲都是先天決定的這樣一種頑固落後的觀念。

人們把由狼的生活世界回歸人類社會的「狼孩」判定爲白癡。但我認爲，這種認識是把他們與人類社會中的孩子相比較而言的。實際上，狼孩身爲人類的孩子卻適應了狼的生活，這從作爲人的孩子的角度看，她們卻又確實具有極爲的生命力和很高的天賦。他們作爲人要是處在文明社會的良好環境裡無疑會得到良好的發展成長。

這不過是個假定，但不管多麼頑固不化的「天生論」者，他都不可能把用狼孩四肢走路，用嘴叼東西，喜歡吃生肉，夜吠以及雖爲女孩但其肩部、胸部卻長著長毛的這些事實說成是天生的。這可謂是一個天大的錯誤。

世上沒有特定的素質，許多事實都證明，環境的好壞，嚴重影響著能力的高低。更何況，如果孩子長到五、六歲以後，就更沒辦法去測量先天素質的高低了。

把人的素質歸結於先天的高低，這是非常荒謬的，從鈴木多年來對眾多幼兒進行音樂教育的經驗來看，世上不存在諸如音樂素質等的所謂特定素質，所謂人的先天素質就是既可以把人培養成一匹狼，也可以把人培養成一個音樂家。

所有文化方面的能力，完全不是靠遺傳因素從人體內部產生出來的，而是適應外部環境條件後，在人體內部培養起來的，如果說因遺傳而造成人的素質優劣的話，那只是獲得能力、形成能力水準的高低，即適應環境的水準和速度的快慢而已。

讓孩子心情舒暢的辦法

人們會對一些孩子進行評論：這個孩子性格直爽、開朗，那個孩子性格孤僻、陰鬱等等。鈴木認爲從某種意義上講，性格就是能力。

其實孩子一生下來，根本就不存在什麼直爽或孤僻的性格。所謂的性格，很明顯是在孩子們的生命力順應環境條件的過程中逐步形成的。換句話說，性格是孩子的生命力所表現出來的一種姿態。

直爽性格和孤僻性格，在現實生活能力方面存在著很大差別。若是直爽性格，就易被他人所接受，社交活動範圍廣泛，有走向各種人生道路的可能性，若性格孤僻，社交活動範圍就狹窄，做任何事情都不願同人們直接配合處理，結果往往是半途而廢。

由此看來，性格也是處理一切事情的能力，那麼，爲什麼會出現有的孩子直爽，有的孩子孤僻的性格呢？這些不同性格既不是天生的，也不是孩子獨創出來的。

當孩子的生命力作爲現實生活能力得不到充分鍛練時，總覺得自己與現實生活相脫離，不能很好地去適應。其結果就體現不出孩子原有的那種直爽、樂觀、開朗、溫柔和剛強的性格，反而出現了與原有性格不太一致的不良性格。

所以說性格本身多少會改變，而且會不斷地改變。例如，生活環境一旦變化，你的性格也有可能變化。這種性格的變化是由於不能很好適應變化了的生活環境所造成的。

一般說來，父母都指責自己孩子養成的壞習慣，並希望他改正。但如果不反覆正確地加以引導，其壞習慣就不易改變。另外，當能力還未培養出來時，即使怎樣告誡他也難以糾正過來。對與現實生活環境不相適應的孩子來說，應該採取使孩子心情舒暢、易於接受的辦法，如果對孩子說：「**不妨再來試試看，多反覆幾次就會適應的呀！**」這種辦法會收到良好的效果。

另外，對孩子的優點要予以表揚，只有發揚優點才有利於克服缺點，使之向正確方向發展。有了這個基礎，其他事情當然也就好辦多了。

逐步培養孩子的信心

鈴木先生認爲，不管多麼困難的事情，只要從簡單的會做的事做起，不斷反覆訓練，總有一天孩子會感到容易，這不僅是技能的訓練，而且是自信心的培養。鈴木把初級階段的指導方法要點做了如下的歸納：

◆從少量的、會做的內容開始；

◆經過訓練，內容達到運用自如；

◆把運用自如的內容中不正確的部分糾正過來的；

◆再增添少量同等程度的內容；

◆完成的速度加快了；

◆要把前面學過的內容和新內容結合起來訓練；

◆要不停地訓練，使前邊的內容學得更好，新的內容得到正確糾正；

◆前面的內容要學得更加熟練，新內容達到靈活運用；

高。

◆在完成的基礎上，再增添新內容。

通過上述指導方法反覆訓練，就會使孩子感到輕鬆容易，隨之能力也會不斷提高。

在訓練過程中已經掌握的能力，進入新的階段時，並不是說不需要了。例如，人的身體能自由操縱自己的手足，而手足則能進行更複雜、更微妙的動作。

孩子的能力並不是一朝一夕培養出來的，它與人的發育過程一樣，是逐步提高的。父母和老師對此應該有充分的認識，一些孩子到五、六歲時，都能熟練掌握四千左右詞彙及其語言自由表達能力。這是因爲在孩子記住的詞彙上不斷增加新詞彙，並通過每天訓練自然而然地掌握其全部內容的緣故。

孩子的能力一旦提高，還要增加新詞彙，其速度也要逐漸加快，而且每天要講述掌握的全部詞彙內容。這就是所謂的訓練，鈴木把它命名爲「加算式訓練法」。這是提高孩子能力的最重要方法。

鈴木在教育孩子學音樂時，不管彈鋼琴也好，拉小提琴也好，都是讓孩子每天在家裡一邊聽已學過的五支曲子的標準錄音，一邊反覆練習。因爲都是一些已經演奏過的曲子，所以孩子們都能看著曲譜愉快地彈鋼琴或拉小提琴，都能自然而然地掌握出色的演奏能力，在此基礎上，再練習新曲子。

爲了與以上指導方法相呼應，鈴木已提出了能力訓練方法：

◆給他們幾次同樣難度的內容，用處理的速度和完成的好壞程度來判斷孩子能力發展狀況；

◆若能力掌握熟練的話，再增加一些難度較大的內容；

◆能出色地完成已學過的內容後，要爲培養才能、提高應用能力及下一步處理能力作好準備；

◆教育者若以推進教學計劃爲目的，那必然會失敗，換句話說，只有在注意培養能力的基礎上，才能推進教學進度；

◆若有更好的訓練方法來培養應用能力的話，那麼必然會產生能力的飛躍，指導者的作用就在於是否注意到這種飛躍，是否推進了與這種飛躍相適應的教材改革。

這些培養能力的要點不只是後段方法，重要的是培養人的精神，否則人的更大能力就得不到發揮。這是鈴木在畢生中所獲得的能力開發的精髓。

孩子們抵觸緊張的氣氛

不過，說到底，才能教育，首要的是激發孩子的學習興趣，對取得的成績經常給予表揚，並不斷增加新內容，才能激起孩子奮發向上的雄心。

常常有人說：「現在努力做事的孩子太少了。」這話難以置信。

鈴木認爲：「如果沒有培養好孩子，大人首先不能發牢騷，應該找出沒有培養好孩子的病症。」

另一個要考慮的事實是，孩子們願意做輕鬆愉快的事，而那種表面緊張的狀態並不表明輕鬆愉快，反而會給孩子帶來一種緊張感。孩子們對只從表面進行評價的培養方法非常抵觸。

父母必須注意改正表面評價的方式，否則就會助長孩子們的反抗心理，孩子們這種反抗心理的具體表現是：不活潑，不積極主動。做事吊兒郎當等等。換句話說，大人總是從表面進行評價，這是導致孩子失去興趣的根本原因。

通過分數、偏差値等表面數字評價孩子好壞的傾向越嚴重，孩子的敗興心理就越強，到最後將變成一個做什麼事情都沒有幹勁的孩子。

因爲如此，才使我們感到加強培養孩子心靈的才能教育該是何等的重要！

在遊戲的歡樂中

兒童生活的全部活動幾乎都是在玩遊戲中度過的，選孩子喜歡的遊戲，通過反覆練習來增長能力，是才能教育方法的一個重要特點。

遊戲似乎與「教育」這個詞沒有多大聯繫。一提到教育，人們往往認爲是讓孩子做些不太喜歡的事。眞正的教育的核心內容不是讓孩子做不喜歡的事，而是以「喜歡的遊戲」來培養兒童的能力。

兒童教育就是讓孩子始於遊戲的歡樂中，以此引向正確的方向。鈴木在《早期教育與天才》一書中有這樣一個例子：

有一個孩子，三歲時就讓他每天堅持練三個小時的小提琴，這在有的人看來，這麼大運動量的訓練，過於殘酷了。而實際上孩子是能接受的，因爲對他來說只是遊戲，通過這種遊戲達到歡樂，每天一件事玩三個小時，怎麼能說是過分呢？

孩子的母親讓他練小提琴代替了玩具，還讓他像聽情調音樂那樣，多聽幾次剛學

過的曲子的錄音。他整天把小提琴作爲玩具獨立演練，覺得很有趣。反之，如果擺出一副嚴肅的「教育」架勢，孩子心裡就有點緊張。而一旦激發孩子心裡高興的教育，就是有益和正確的教育。

鈴木才能教育學校收留的兒童，開始也不讓他們拉小提琴，而是先對其母親進行指導。然後，在家裡讓孩子先聽將要練習的小提琴曲子的錄音。因爲在一般情況下，即使母親想讓孩子練習，但孩子也不完全都有願拉小提琴的心情。

爲了讓孩子產生自己也想練的願望，就要讓孩子在家裡聽錄音，在教室裡旁聽其他孩子演奏的曲子。並且，孩子的母親無論在家裡，還是在教室裡都要拉適合自己孩子練習的小提琴作示範。孩子就會從母親手裡拿過小提琴。

在培養孩子記憶力方面，鈴木也強調「玩」的價值。

幼兒是記憶力成長最快的時期，要訓練提高孩子的記憶力務必要把握這個機會，因此鈴木想到日本的俳句。俳句是詩詞中最精煉而簡樸的形式，既優美而樸素的語言，對孩子一生的記憶大有裨益。於是，鈴木從許多短俳句中，挑選出易被孩子理解的俳句作爲教材。當時，鈴木執教的「幼稚園」定員爲六十名，其中三歲、四歲和五歲的兒童各二十名。四月份新入園的三歲兒童同高年級的兒童一起，每天新學一個短句，反覆背誦，加強記憶。這種訓練法對增強記憶力的作用太大了。通過每天的訓練，學習俳句的速度逐步加快，記憶的持續時間也逐漸延長，記憶能力也隨之不斷提高。

爲了加強娛樂性和趣味性，鈴木把選出的一百個短句分別寫在紙牌上，用這種紙牌形式讓孩子們高興地玩遊戲。當對這些短句未記熟之前，玩這種遊戲是很難取勝的。伴隨掌握的句子增多，說話的技巧和語調也逐步掌握，甚至進一步向獨立創作的方向發展。

不管是彈鋼琴還是拉小提琴，只要堅持每天練習，孩子的能力就會不斷提高。但是，鈴木發現有的孩子不能堅持每天練習，總是無精打采地消磨時光。

這樣的孩子被老師察覺後，常常讓他在每節課長時間地反覆練習同一首曲子，並說：**「還不行，再加把勁兒，一直到熟練爲止！」**而學生由於對每課總是練習同一首曲子感到厭煩，就會滋生抵觸情緒。

這種情況不只限於彈鋼琴和拉小提琴，做任何事都是如此。鈴木先生爲了避免這種不良的學習風氣，而採用了「彩票學習法」。

這是鈴木獨創的一種行之有效的方法。授課開始時，老師首先用抽籤的方式從想要學的幾首曲子中選出一首，然後講授和練習中籤的曲子。孩子通過抽籤遊戲的學習感到很高興。無論是演奏已學過的曲子，還是新學的曲子，都充滿信心，對中籤的曲子定會盡心演奏。

其實，在家裡也可以用彩票學習法練習學過的曲子和課外作業的曲子。尤其對初學的學生來說，運用彩票學習法，可以促進他們在家裡主動練習的熱情。四、五歲的孩子有的竟能用鋼琴熟練地彈奏巴哈的《小步舞曲》和《快步舞曲》，有的也能熟練地用小提琴演奏比巴魯特的《小提琴協奏曲》。

由此看來，父母和老師的作用關鍵在於，能否鼓勵孩子不貪玩，樂於主動地進行練習。而對因厭煩不願練習的孩子，只是喋喋不休地反覆催促練習的做法是無濟於事的。彩票學習法也不只適用於音樂，無論孩子做什麼，只要有興趣，就不妨讓他試一試。抽籤時，孩子們期待著「**什麼能中呢？哪個中了都可以！**」因爲裡邊都是孩子喜歡的曲子和擅長拉的曲子。再說「**這次沒中籤的曲子，也許下次能抽中呢！**」

對幼兒來說，沒有「練習」的自覺性，只有是喜歡的遊戲才願意做，這是孩子的稟賦。如果厭煩不願意做，也不要責備，而要進一步思考孩子喜歡練習的方法。

孩子喜歡重覆做事

才能教育有個重要方法就是讓孩子重覆做某一件事。這對大人來說，似乎是件苦差。因而不少人這樣想：「反覆做事需要相當的耐力，三、五歲的孩子能忍受嗎？」

這種看法是不對的，因爲孩子本來就喜歡重覆做某一件事，孩子越小越是如此。有的孩子常玩積木，把積木疊起來推倒，再疊起來再推倒；有的孩子在屋子裡不厭其煩地轉來轉去，忙個不停；有的孩子愛玩滑梯，除非父母硬把他拉走，否則爬上滑下，玩起來沒個完……可見，孩子具有一旦碰上感興趣的事就會一直重覆做的特點。重覆做事是孩子的一種自然而然的訓練，心理學家把它稱爲幼兒的特有行爲。

從心理學上講，幼兒在事物的瞬息萬變的過程中，心情總是動盪不定的。所以幼兒想通過重覆行爲來確保穩定感和舒服感。

這種自然性的現象是相當有趣的。對三歲的幼兒來說，玩滑梯或拉小提琴，二者區別不大。不管哪種，只要提供反覆做事的樂趣，那麼幼兒就會以大人想像不到的速

度玩得熟練起來。這種重覆做事對大人來說是苦差事，對孩子來說卻有極大的樂趣。

爲了好好地保持與孩子的接觸，必須抓住「孩子喜歡重覆做事」這一特點。如果父母認爲孩子長時間重覆做事確實吃不消的話，那麼就可以在一定的時間內與孩子面對面重覆做事。

大人對某一件事感興趣要有一個過程，如果有意與孩子面對面玩的話，自己就會不知不覺地也變得高興起來。由此發現，大人的童心是不會消失的。有人提出要斷絕父母與孩子的關係問題，其原因之一就在於父母把孩子放進大人的世界中去就放任不管了，這樣等於抹煞了孩子的童心，也剝奪了自己重返童心的機會。

每個孩子對事物都充滿了好奇心。例如，對大人來說，一個紅玻璃杯子並沒有什麼出奇的地方，但在幼兒眼裡看來，卻是一個感覺不可思議的紅塊塊，他擺弄過來擺弄過去，感覺是一個非常有趣的東西。

對大人來說，當遇到從未見過的東西時，也會產生與幼兒相似的感覺，用好奇的眼光注視著，想知道它究竟是什麼東西。

孩子對事物是充滿好奇心的。一般說來，周圍的一切事物對幼兒來說都是新鮮的、令人激動的東西，而一旦幼兒逐漸熟悉了那些東西，知道了它們在生活中的應有狀態，也就不再對他們感興趣了。

指責會讓孩子恐懼

大多數父母對孩子好像總是指責，而不善於表揚。

有許多父母爲糾正孩子的缺點，總是先情緒激昂沒完沒了地指責孩子。有的父母曾找鈴木座談，說最初「因希望孩子改正錯誤而指責」，後來因「即使指責也不改」而苦惱，最後又認爲「不可救藥」而放棄不管了。

一味地指責，不用說孩子，就連大人也會失去信心。這樣下去，就會逐漸培養成爲因設法保護自己而產生反抗心理的孩子。

指責與表揚，二者對孩子的影響截然不同。因此，要用冷靜的態度和溫暖的心去對待孩子，注意和發揚孩子的優點。

有人說：「處於反抗期的孩子，難以對付。」人本來就沒有什麼反抗期，但因孩子具有旺盛的生命力，若不給予正確引導，就會以「反抗」的形式表現出來，因此，「反抗期」不是自然形成的，而是由父母培植起來的。

如果指責孩子，任何孩子都會產生反抗的心理。常用烈性藥物，細菌就會迅速產生抗藥性一樣，對孩子越是一味地指責，其反抗心理就越強，最終我們還是以屈服於孩子而告終。

有人對鈴木說：「請教給我好的指責方法吧。」

鈴木說：「我沒有那種好方法。」

又有人說：「現在孩子不聽話，難道不指責他們嗎？」

鈴木認爲即使不聽話，也不能指責，要眞心實意地、正確地培養孩子的能力。

指責當然也是從愛孩子的角度出發的，父母爲了責備往往採用令人可怕的臉、聲音或表情動作。不妨用攝影機把它錄下來，自己親眼看一看會有何種感覺呢，大概心情是不舒暢的吧。同樣也會使我們明白指責會使孩子產生恐懼心理。

如果孩子感到恐懼可怕，即使怎樣指責和說教也都聽不進去了，儘管孩子停止做壞事，那也是因爲他討厭再次經受以前那種可怕的體驗，並不表明他懂得了「這件事不能做」的道理。

總之，父母指責孩子時，多多少少會感情衝動，氣血上升，這樣就會缺乏冷靜頭腦和客觀的判斷力。首要的是父母要以寬大的胸懷和極大的熱忱去培養孩子的能力。

孩子有許多幻想，其中隱藏著實現的可能性。並實現孩子發展的可能性，大人對孩子並不能指責。指責會打消孩子嚮往的欲望。

有的父母聽到孩子唱歌調子唱不準時，就會說：「你的調子怎麼唱不準呀？」孩子聽了後會怎麼想呢？也許他會想：「我還能唱好歌嗎？」

事實上，像這樣的話在我們的家庭或學校裡是能經常聽到的。我們能從學生的父母和老師那裡聽到許多這種指責的話：

「你這種笨蛋，什麼也幹不成。」

「這一點兒成績，你還想當醫生，簡直是做白日夢！」

有許多家長和老師滿不在乎地說出這些不該說的話，甚至想通過刺激療法使孩子面對現實，但孩子卻很難接受這種意圖。

對孩子來說，老師和家長是孩子難以想像的巨大存在，孩子受到的指責就等於斷定了自己未來的命運。

對孩子的成長不應加以種種限制，而應該開闢他們向更高能力發展的可能性。不指責孩子是一個最起碼條件。

每個人都是有缺點的動物

每個人都是有缺點的動物。

人的能力從生下來那天起，就受各種客觀環境的影響。因此缺點也是客觀形成的一種能力，既然是作爲能力養成的，要想完全矯正也很困難。

無論是缺點還是優點，都如同我們現在再也不能改變我們的過去一樣，是既成的事實，這無論如何是不能否認的，我們所能做的只有反省過去，從中吸取經驗教訓，以便重新沿著正確的方向努力。

鈴木認爲，與其說矯正缺點，倒不如說應該通過培養別的正確能力去超越它。

他舉了這樣一個例子，多數孩子把音符一，二，三，四中的半音「四」拉高，這是因爲平時已把音符「四」按提高半音訓練的結果。

要把這個已經養成拉高半音的「四」恢復到原來的音程是比較難的，因爲已經養成的習慣，難以改變。那麼怎麼辦才好呢？那就是讓他們重新學習正確掌握「四」的

音階。

如果那個錯誤的「四」音聽過了五千次的話，那麼就應該讓他們把正確的「四」音聽上六千次、七千次。這樣做即便是一開始沒有效果，但過不了多久，當聽過七千次以後所養成的正確發音能力就會超越原來錯誤的發音能力。也就是說，正確的能力就養成了。也就是說，如果小孩子沾染上什麼壞習慣的話，要克服它，就要培養樹立起良好的習慣。

假如那個惡習在現實生活中反覆了一百次才形成的話，那麼就以良好的習慣，反覆訓練一百五十次、二百次，這樣，就能使孩子具備了新的能力，於是惡習就自然消失了。在缺點很多的時候，就要考慮「哪個缺點應該首先改正」，對最主要的缺點要集中精力反覆地克服，直到徹底改正爲止。這個缺點改正了，再轉向改正第二、第三個缺點。

不要一下子指出很多缺點。如果孩子的缺點太多的話，就會使孩子無所適從，他們精神上的負擔也就大了。年齡越小的孩子，接受能力就越快，所以，一旦發現缺點就及時指出修正，讓他們掌握正確的能力。

坐在桌子邊與孩子娛樂

家長告誡孩子最常用的一句話就是：「要好好學習。」「要好好學習」，這句話對不用功的孩子來說，是非常反感的命令之一。如果這樣的命令常常出現，孩子就會產生對抗命令的逆反心理，接下來，他根本就不願坐到書桌邊去了。

孩子當受到訓斥而坐到書桌前的時候，由於不是出於自願，所以學也根本學不到東西。家長總以爲，只要叫孩子坐在書桌前，就萬事大吉了，其實反倒把孩子的心攪亂了。儘管從表面看成功了，但實際效果恰恰相反。

「好好學習！」這句話最初的意思只不過稍微提醒孩子注意而已。但如果每天都說，就變成了嚴厲的訓斥。

結果，「要好好學習」這句話造就了不好好學習的孩子。在一個家庭裡，夫妻倆從孩子小的時候起，三個人圍坐在一張桌子上，教孩子畫畫兒和識字，養成了一起愉快遊戲的習慣。

生了第二個孩子以後，這個習慣仍然保持著，老大讀書時，小二就學畫畫兒。不久，又生了第三個孩子。小三在桌上學畫畫兒時，老大就到另一張桌子上去獨自學習。這是由於同一張桌子太擁擠和他的兩個小弟弟吵鬧的緣故。

小二每天看見老大獨自一人學習的樣子，沒過多久，一吃過晚飯，他也找了一張自己專用的桌子，養成了主動學習的習慣。這樣一來，很快小三想跟兩個哥哥學，也找了一張自己專用的桌子，開始獨自學習起來。

兒童時期養成的學習習慣，不論是好是壞都極其頑固，而且不管論是讓人喜歡還是討厭，都會變得理所當然。最好的是，爲孩子著想，家長要靜下心來多花費些時間，和孩子們一起圍坐在桌前娛樂，每天這樣做，不久就會使孩子養成平心靜氣伏案學習的習性了。

不要因無能而絕望

當年鈴木在到柏林留學，尋找到了最傑出的小提琴演奏家克林古拉教授，並拜他爲師。克林古拉老師留給鈴木的音樂作業很難，每天需要拼命練習五個小時才能完成。鈴木有時覺得它簡直像一堵巨大牆壁似的難以逾越。

鈴木練習了很多時間，仍然沒有進展。他的心情越來越沉重。

一天，鈴木在柏林交響管弦樂團音樂室裡聆聽了著名演奏家的精采演奏之後返回家，感覺自己要徹底垮了。

許多人都有過這樣的經歷，尤其是那些一心追求藝術的人們更有這種體會。當把前輩的偉大作品中所顯示的巨大才能與自己相比時，會非常沮喪。卻很容易引起自己的悲觀和失望。

假如知道「自己無能應創造才能」這一道理的話，就不會悲嘆自己無能了，就會爲掌握能力而不懈努力了，這種努力當然艱苦，但是充滿希望，如果這種努力的方向

是正確的，其能力就會逐漸提高。

當初鈴木的目的不是當一名演奏家，而是出於對音樂的迷戀，想知道藝術的秘密，他對自己的演奏能力雖感到絕望，但也促使他產生了對藝術秘密追求的強烈欲望。

自己沒有能力，但鈴木不選擇後退，也是這種追求藝術的堅韌與執著，讓他從極度的絕望中解脫了出來。

這種堅持不懈的努力精神，使鈴木的能力得到了提高，並認識到因「自己無能」而苦惱和悲傷是多麼的愚蠢。

由於自己的切身經驗，鈴木體會很深，他每個孩子都可以培養，但他們最終的能力大小與教育方法和自身努力有關。

國家圖書館出版品預行編目資料

哈佛教子枕邊書／斯托夫人等著；亞北, 藍黛譯.
-- 第一版. -- 臺北市：大地, 2006〔民95〕
面； 公分-- （教育叢書；12）
譯自：Harvard book parenting
ISBN 986-7480-58-9
ISBN 978-986-7480-58-3（平裝）
1. 資賦優異教育
529.61 95016090

哈佛教子枕邊書

教育叢書 12

作　者	斯托夫人等著
發行人	吳錫清
主　編	陳玟玟
出版者	大地出版社
社　址	台北市內湖區內湖路2段103巷104號1樓
劃撥帳號	0019252－9 (戶名：大地出版社)
電　話	(02)2627－7749
傳　真	(02)2627－0895
E-mail	vastplai@ms45.hinet.net
封面設計	洸譜創意設計股份有限公司
美術編輯	黃雲華
印刷者	普林特斯資訊有限公司
一版一刷	2006年9月

大地

定　價：250元